HEINZ DIEHSEL

DER SCHNELL-
KOCHTOPF

HEINZ DIEHSEL

DER SCHNELL-
KOCHTOPF

Die perfekte Art, schnell und gesund zu kochen

Mit 131 Rezepten und 169 Farbabbildungen

Verlag und Autor danken folgenden Unternehmen für die freundliche
Unterstützung bei der Entstehung des Buches:

WMF Aktiengesellschaft, Geislingen/Steige
AEG Hausgeräte AG, Nürnberg
BRAUN AG, Kronberg/Taunus
Deutsches Milchkontor GmbH, Hamburg
Fuchs Gewürze GmbH & Co., Dissen aTW
Theodor Kattus GmbH, Ratingen
Peter Kölln, Köllnflockenwerke, Elmshorn
Langnese-Iglo GmbH, Hamburg
LACROIX/Skandinavien- und Südimporte, Maisach
Melitta Haushaltsprodukte GmbH & Co. KG, Minden

Schwartauer Werke GmbH, Bad Schwartau
CMA Centrale Marketing-Gesellschaft m.b.H., Bonn
Deutsche DUNI GmbH, Bramsche
Hutschenreuther AG, Selb
Komplett-Büro GmbH, München
Rastal GmbH & Co. KG, Höhr-Grenzhausen
RÖSLE Metallwarenfabrik GmbH & Co. KG,
   Marktoberdorf
Villeroy & Boch AG – Faiencerie, Merzig
H. Zenker GmbH & Co. KG, Aichach

Die Rezepte sind – wenn nicht
anders angegeben – für 4 Personen
berechnet.

Die Mengenangaben für Gemüse,
Obst und Kartoffeln beziehen sich
auf geputzte Ware.

Verwendete Abkürzungen

g	Gramm	EL	Eßlöffel
kg	Kilogramm	TK	Tiefkühlkost
ml	Milliliter	Gew.-Kl.	Gewichtsklasse
cl	Zentiliter	kcal	Kilokalorien
l	Liter	kJ	Kilojoule
TL	Teelöffel	E	Eiweiß
		F	Fett
		Kh	Kohlenhydrate

Herstellung/Layout: Franz Nellissen
Umschlagentwurf: Wolfgang Heinzel
Reproduktionen: Findl + Partner, Icking/Singapore
Satz: Filmsatz Schröter GmbH, München
Gesetzt aus: News Gothic 10.5 auf 12.7 Punkt mit QuarkXPress
Druck/Bindung: Chemnitzer Verlag und Druck, Zwickau
Printed in Germany
ISBN 3-87287-406-3

INHALT

ZU DIESEM BUCH

Das Essen und Trinken ist ein kultureller Vorgang, ist Ausdruck für Lebensart und persönlicher Kultur. Das Genießen gesunder kulinarischer Köstlichkeiten gehört zum »savoir vivre«, zur Lebenskunst! Das Streben nach Abwechslung sowie Neuem im Speiseplan bringt Genuß und Erlebnis. Genuß und Erlebnis werden gesucht in enger Verbindung mit Gesundheitsaspekten. Die Hinwendung zur gesunden Ernährungsweise zwingt keineswegs Opfer auf sich zu nehmen oder gar Genußverzicht. Mit schlechten oder ungenügenden Zutaten kann einer guten gesunden Küche nicht Genüge getan werden. Es sollten stets nur erstklassige Produkte in ausreichender Menge verwendet werden. Ich bin ebenso Gegner einer unnützen Verschwendung, als auch unangebrachter Sparsamkeit, die gesunde und schmackhafte Speisen letztlich in Frage stellen. Ein weiterer sehr wichtiger Faktor ist die Zubereitung der Speisen.
Der französische Physiker *Denis Papin* befaßte sich gegen Ende des 17. Jahrhunderts mit dem Kochen. Der von Papin erfundene Kochtopf ging mit der Bezeichnung »Papinscher Topf« in die Geschichte der Physik ein. In der 1830 erschienenen Ausgabe der »Allgemeinen deutschen Real-Enzyklopädie« beschreibt der Verlag Brockhaus in Leipzig den von Papin erfundenen Kochtopf: »Der Digestor oder der nach ihm benannten Papinsche oder Papianische Topf ist ein zylindrisches, kupfernes, inwändig verzinntes Gefäß, welches man durch einen Deckel mit um den Rand gelegter Pappe, mittels einer starken eisernen Schraube, sehr genau und fest verschließen kann, um das Wasser darin in einem hohen Grade zu erhitzen, ohne daß die dadurch entstandenen Dämpfe einen Ausgang finden. Durch diese Vorrichtung kann man in heißem Wasser Körper, die bei gewöhnlicher Siedehitze noch gar nicht angegriffen werden z. B. Knochen, Elfenbein usw., binnen weniger Minuten zur Gallerte oder Brei zusammenkochen und dadurch eine kräftige Brühe bereiten. Diese nützliche Maschine ist in neueren Zeiten verbessert worden.« Soweit der Verlag.

Denis Papin hat den Grundstein für den heutigen SCHNELLTOPF gelegt. Er erfand das schnelle Kochen unter Dampfdruck.
Der Feinschmecker *Brillat-Savarin* entdeckte dann, daß im Dampf Gegartes nicht nur appetitlicher aussah, sondern auch wesentlich besser schmeckte. Ob auch er erkannte, daß das im Dampf Gegarte gesünder war, als das im Wasser gekochte, müssen wir dahingestellt sein lassen. Ihm ging es als DER FEINSCHMECKER um den besseren Geschmack, der im Dampf zubereiteten Speisen, im Gegensatz zum herkömmlichen Kochen im Wasser.
In seinem Buch »Physiologie des Geschmacks« schreibt Brillat-Savarin u. a. die Zubereitung eines Steinbutts im Dampf. Er legte auf einen sauberen Waschkessel ein Weidengeflecht. Darauf breitete er ein Bett feiner Küchenkräuter aus. Darauf legte er den unzerteilten Steinbutt. Nun deckte er ihn mit den restlichen Küchenkräutern ab. Über den Fisch stülpte er eine Bütte und schüttete rundherum Sand auf. Der Sand schloß die Bütte luftdicht ab.

Der heiße Dampf konnte nicht entweichen. Der Fisch war nach dem Garen weiß und so herrlich saftig, daß alle am Tisch voll des Lobes waren, so einen köstlichen Fisch noch niemals in ihrem Leben gegessen zu haben.

Die Meinung von Brillat-Savarin war: »Dieses Urteil kann niemand überraschen, denn da der Fisch nicht in Wasser gekocht worden war, hatte er nichts von seinen Substanzen verloren, sondern im Gegenteil, das ganze Aroma der Gewürze eingesaugt. Alle, die sich in Naturgesetzen auskennen, wissen, daß sich die Wärme des Dampfes durch leichten Druck noch um einige Grade steigern läßt, daß der Dampf sich zusammenballt, wenn er keinen Abzug findet. Daraus ergibt sich, daß mit der beschriebenen Vorrichtung verhältnismäßig schnell und billig Kartoffeln, Gemüse jeder Art gekocht werden können. All dies könnte mit einem Sechstel der Zeit und mit einem Sechstel des Holzes erreicht werden, das man braucht, um einen entsprechend großen Wasserkessel zum Sieden zu bringen.« Savarin glaubte, daß so ein

einfacher Apparat in jedem größeren Haushalt in Stadt und Land, guten Dienst leisten kann. Deshalb hatte er ihn so beschrieben, daß jeder ihn nachbauen kann.

Eine gesunde Ernährung setzt das richtige Garen voraus. Die Speisen sollen appetitlich aussehen. Das hat Brillat-Savarin als DER FEIN-SCHMECKER erkannt. Allein diese Erkenntnis reicht für das GESUNDE GAREN nicht aus. Die meist unbewußten falschen Zubereitungsarten führen zwangsläufig zu erheblichen Ernährungsfehlern, die gesundheitliche Schäden unverkennbar in sich tragen. Sie zerstören während der Zubereitung der Speisen wichtige essentielle Nährstoffe, die wir Menschen nun einmal brauchen.

Betrachten wir das übliche Kochen, Braten und Schmoren. Die Zutaten liegen im Wasser und werden mehr oder weniger ausgelaugt. Vitamine schwimmen davon, werden mit dem Wasser abgegossen. Das gleiche erleiden Aroma- und Mineralstoffe. **Ein LANGES KOCHEN zerstört LEBEN!** Die Erfindung von Brillat-Savarin war und ist

der Beginn zur Weiterentwicklung des SCHNELL-KOCHTOPF. Ein Nonplusultra in diesem Reigen ist der WMF-SCHNELLTOPF »PERFECT«. Für ein gesundes Kochen sollte dieser SCHNELL-KOCHTOPF in der Küche im Mittelpunkt stehen. Die Umstellung von den eingefahrenen falschen Zubereitungsarten ist kürzer als Sie ahnen. Die Belohnung zu diesem Schritt sind wohlschmeckende Speisen. Sie sind herzhafter, kräftiger, bleiben farbfrisch und verlangen weniger oder gar kein Salz. Die den Speisen eigenen Geschmacksstoffe bleiben erhalten. Das sanfte Zubereiten im Schnelltopf ist nicht nur geschmacklich besser, sondern wesentlich bekömmlicher und vor allem gesünder! Der Genußwert ist sehr gut bis ausgezeichnet. Alles ist wohlschmeckend und appetitlich! Dazu gesellen sich Zeit- und Energieersparnisse.

Ich heiße Sie herzlich willkommen im Kreise der SCHNELL-TOPF-KÖCHINNEN und -KÖCHE!

Ihr Heinz Diehsel

Der WMF-Schnelltopf PERFECT – So groß wie Sie ihn brauchen – PERFEKT sind sie alle –

Die ganze Technik ist einfacher – einfach perfekt. Denn die WMF-Schnelltöpfe PERFECT – gleich welcher Größe – haben die ganze Technik sicher und kompakt im Griff. Auf diese perfekte Technik kann man sich beim Braten von Fleisch, beim Kochen von Suppen, bei der Zubereitung von Kartoffeln, Gemüsen und Eintöpfen verlassen. Gute Ergebnisse sind einfach sicher. Es ist die schnelle Art, gesund und energiesparend zu kochen.

Die Garkontrolle ist perfekt. Das besonders große Kochsignal im Griff läßt sich bequem ablesen. Nur ein kurzer Blick genügt für eine zuverlässige Information. Erst nach Ansprechen der Kochautomatik hebt sich das Kochsignal. So geht der Luftsauerstoff raus, und die Vitamine bleiben drin. Die Bedienung und Reinigung sind sehr einfach.

Für jeden Haushalt, gleich wie groß die Familie ist, die richtige Schnelltopf-Größe steht bereit; ob 2,7 Liter, 3,0 Liter, 5,0 Liter, 7,0 Liter, 9,0 Liter und die Schnellpfanne gebraucht werden. Jeder WMF-Schnelltopf aus WMF Cromagan gefertigt, also durch und durch aus bestem Edelstahl Rostfrei 18/10 robust, geschmacksneutral und pflegeleicht. Jeder WMF-Schnelltopf PERFECT hat den stabilen WMF-Super-Sandwich-Boden, geeignet für alle herkömmlichen Herdarten (siehe Abbildung rechte Buchseite!).

Einige Tips für das Schnellkochen

• Informieren Sie sich vor Inbetriebnahme in der Gebrauchsanleitung und bewahren Sie sie in Ihrer Küche gut auf, damit sie jederzeit griffbereit ist, sollten Sie einmal Fragen haben.
• Machen Sie sich mit den Handgriffen vertraut, bevor Sie zu kochen beginnen.
• Vor dem Erstgebrauch Deckelgriff und Dichtungsring unter heißem Wasser einfach abspülen. Deckel und Topf sowie Einsätze in die Spülmaschine geben oder mit heißem Wasser und etwas Spülmittel gründlich reinigen.
• Die Garzeit im WMF-Schnelltopf wird im Vergleich mit anderen Garmethoden beachtlich gekürzt. In dem hermetisch abgeschlossenen Topf werden die Speisen unter Druck gekocht. Im Topfinnenraum entsteht durch Erwärmung der Flüssigkeit ein Überdruck. Die Temperatur steigt auf 108 °C bis 118 °C an. Die Garzeit wird durch die hohe Temperatur um etwa zwei Drittel gekürzt.
Bei Erreichen der gewünschten Temperatur beginnt die Garzeit. Halten Sie diese ein um ein Übergaren zu verhindern.
Die in den Rezepten angegebenen Garzeiten sind Richtwerte. Sie sind abhängig von der Qualität und der Menge bzw. Größe des Kochgutes. Auch der persönliche Geschmack, ob die Speisen kernig oder weich sein sollen, ist für die Dauer der Garzeit maßgebend. Sie werden jedoch in kurzer Zeit die Erfahrungen haben, bei welchen Garzeiten die Speisen Ihrem Geschmack entsprechen.
• Überprüfen Sie vor dem Kochen die Sicherheitseinrichtungen. Das Ventil im Deckelgriff mit leichtem Fingerdruck auf Elastizität prüfen. Das Sicherheitsventil überprüfen. Die Kugel muß in unterer Kammer sein. Der Dichtungsring muß auf Geschmeidigkeit geprüft werden. Spröde Ringe auf keinen Fall mehr verwenden, sondern durch einen neuen Ring ersetzen.
• Beim Garen muß mindestens 1/4 Liter Flüssigkeit auf dem Topfboden eingefüllt sein. Garen Sie mit Einsätzen, 1/4 Liter Wasser auf den Topfboden füllen und die Speisen in die Einsätze.
WICHTIG! Garen Sie nie ohne Flüssigkeit auf dem Topfboden. Sonst zerstören Sie Schnelltopf und Herd! Die maximale Füllmenge beträgt 2/3 des Inhalts Ihres Schnelltopfes.
• Für das Kochen der Speisen Schnelltopf auf die Heizquelle setzen und auf höchste Stufe stellen. Bei Elektroherden soll zur besseren Energieausnutzung der Durchmesser des Topfbodens dem Durchmesser der Herdplatte entsprechen. Nach kurzer Zeit steigt das Kochsignal mit der großen Ringanzeige rasch an. Kurz bevor der im Rezept angegebene Ring sichtbar wird, auf mittlere bis kleine Heizstufe zurückschalten. Die Garzeit beginnt, wenn der vorgeschriebene Ring ganz sichtbar ist. Nach Beendigung der Garzeit, den Schnelltopf von der Heizquelle nehmen. Da er noch unter Druck steht, muß vor dem Öffnen abgedampft werden. Am einfachsten und sichersten ist, abzuwarten, bis sich das Kochsignal vollständig in den Griff abgesenkt hat. Bei dieser Methode die Garzeiten etwas kürzer bemessen. Durch das langsame Abdampfen garen die Speisen nach. Schneller geht das Abdampfen, wenn Sie kaltes Wasser über den Topfdeckel laufen lassen, bis das Kochsignal ganz abgesunken ist.

**Die WMF-Schnell-
töpfe PERFECT
in allen Größen**

• Bei schäumenden und stark quellenden Speisen wie z. B. Fleisch-,
Geflügelbrühe, Innereien, Hülsenfrüchte, den Topf einschließlich der
Zutaten nur bis zur Hälfte auffüllen.
Ansonsten den Topf bis 2/3 füllen,
davon mindestens 1/4 Liter Flüssigkeit.
• Die Mineralsalze der Speisen
werden im WMF-Schnelltopf besser
erhalten. Deshalb auf das Salzen
verzichten. Sofern erforderlich, nur
sehr sparsam nachsalzen.

• Der WMF-Schnelltopf und Tiefkühlkost sind ein gutes Gespann.
Damit können Sie sehr schnell ein
Menü auf den Tisch bringen.
Die Auftauzeiten schrumpfen zusammen und die kurzen Garzeiten
garantieren den weitgehenden
Erhalt der Vitamine und Mineralstoffe.
Fertiggerichte aus Aluschalen herausnehmen und in der WMF-Schnellpfanne garen.
Tiefkühlprodukte wie folgt ver-

wenden: Große Fleischstücke
und ganzes Geflügel auftauen
lassen. Kleinere Fleischstücke,
Geflügelteile und Fischportionen
kurz antauen.
In den Rezepten sind weitere Hinweise für die Zubereitung der je-
weiligen Speisen. Sollten Fragen
trotzdem auftauchen, nehmen Sie
bitte die WMF-Gebrauchsanleitung in
Anspruch.

Nicht nur Kochtöpfe werden gebraucht!

Es gibt doch immer wieder Überraschungen im Reigen kulinarischer Köstlichkeiten. Die Zubereitungen zum Beispiel dieser leckeren Speisen, wie Gemüsetorten oder -törtchen, schmackhafte Aufläufe, auch raffinierte Braten, sind mit Kochtöpfen einfach nicht zufrieden. Hier entsteht eine Barriere, die zu überwinden nur dann möglich wird, sofern entsprechende Kuchenformen zur Verfügung stehen. Dann haben wir beste Voraussetzungen für ein Gelingen.

Nehmen Sie bitte nicht irgendeine Kuchenform. Sie könnten eventuell eine böse statt erhoffte gute Überraschung erleben.

Die folgende kleine Übersicht soll Ihnen einen Überblick verschaffen, für welche Backformen Sie sich entscheiden können.

Wie bei Kochgeschirren entscheidet auch bei Backformen das Material, aus dem sie hergestellt wurden, für Erfolg oder Nichterfolg. Lassen Sie sich auch bei Backformen nicht von billigen Preisen verführen.

Ich arbeite in meiner Versuchsküche mit ZENKER BACKFORMEN. Auf der rechten Buchseite sind die BACK-FORMEN abgebildet, die für Rezepte in diesem Buch benötigt werden. Diese Formen können Sie selbstver-

ständlich auch für Ihre eigenen Schöpfungen mit Erfolg einsetzen.

Für Gemüsesorten und für bestimmte Aufläufe setzen Sie die Springform mit Glasboden zum Backen und Servieren ein. Backen und Servieren in einer Form, praktischer geht es in der Tat nicht. Der mit Edelstahl umrandete Glasboden dieser Springform ist zugleich die Tortenplatte, elegant, schnittfest und pflegeleicht. Der mit 8 cm extra hohe und beschichtete Springformenring aus 0,5 mm Stahlblech zeichnet sich durch beste Antihafteigenschaften aus. Sie können vor dem Servieren zum Beispiel die Gemüsetorte aufschneiden, ohne sie von der Glasplatte herunternehmen zu müssen. Da die Glasplatte heiß ist, brauchen Sie auf dem Tisch einen Untersetzer. Auch ein Kohlpudding aus Weißkohlblättern und gemischtem Hackfleisch mit Kartoffelscheiben gelingt.

Die braunrote ausziehbare Brotbackform mit Antihaftbeschichtung setze ich gern für Aufläufe ein. Diese Form ist eine attraktive Idee aus dem Hause ZENKER.

Elegant, schwarz und millionenfach bewährt, die schwarz gebrannten Torteletts mit besten Backeigen-

schaften. Schwarz nimmt die Hitze direkt auf. Die Garzeiten werden spürbar verkürzt und die Antihaftbeschichtung garantiert ein problemloses Backen, zum Beispiel von Hackfleisch- oder Gemüsetörtchen. Die hier angesprochenen Backformen haben eine hervorragende Wärmeleitung, ermöglichen kurze Backzeiten und gewährleisten eine gleichmäßige Bräunung des Backgutes. Der hervorragende Antihafteffekt verhilft selbst bei strukturierten Formen wie Torteletts zu einer problemlosen Handhabung beim Herausnehmen des Gebäcks. Weil die Antihaftbeschichtung säurebeständig ist, lassen diese sich leicht reinigen.

Für Gemüse- und/oder Fleischstrudel ist das schwarze Universal-Herdbackblech empfehlenswert.

Torteletts

Springform mit Glasboden

Springform

Universal-Herdbackblech

Rouladenring

**Auflauf-Form
auch Brotbackform**

Rouladennadel

Ausgewählte Spitzentechnik für die 90er Jahre

Die AEG-Einbau-Herde mit Einbau-Kochmulde »COMPETENCE« sind eine Spitzentechnik für erfolgreiches Kochen und Backen. Die Ausstattungsmerkmale dieser Herde und Backöfen spiegeln Verbraucherwünsche wider. Mit Ihren Wünschen haben Hausfrauen sowie Hausmänner IHREN Herd und Backofen selbst »konstruiert«.

Der »COMPETENCE« – auf der rechten Bildseite zusammen mit WMF-SCHNELLTÖPFE »PERFECT« in voller Funktion abgebildet, wurde für die Entwicklung der Rezepte in diesem Buch eingesetzt.

»COMPETENCE« bringt Zeitersparnis und senkt die Energiekosten. Zusammen mit WMF-SCHNELL-TÖPFE ein doppelter Gewinn, in der Qualität der hergestellten Speisen und nicht zuletzt finanziell.

»COMPETENCE« bietet eine einfache Bedienung. Die Blendengestaltung ist logisch getrennt nach Funktionsgruppen. Die Schaltblenden bei Herden von AEG zeichnen sich durch eine klare Trennung nach Funktionsgruppen – Backofenknebel und Kochstellenknebel – aus. Die Knebel für die Kochstellen sind durch ihre Anordnung den Kochstellen logisch zugeordnet. Durch dieses neuartige und funktionelle Design werden Fehlbedienungen ausgeschlossen und der Benutzer erkennt sofort, welche Schalter für welche Funktion benötigt werden. Die Benutzerführung von AEG hilft Ihnen die richtige Leistungseinstellung auf den Kochstellen zu finden. Jeder Kochstelle sind in blickgünstiger Position auf VITRAMIC-Kochfeld beleuchtete Symbole zugeordnet, die den am Knebel eingestellten Arbeitsbereich signalisieren: Schmelzen, Wärmen, Quellen/Dämpfen/Dünsten, Kochen und Braten.

Sie drehen einfach so lange am betreffenden Kochstellenknebel, bis das Symbol des von Ihnen gewünschten Arbeitsbereichs, z. B. Schalterstellung 2–3 = Quellen, aufleuchtet, und schon können Sie sicher sein, die richtige Einstellung gewählt zu haben.

Alle Einbau-Mulden-Kochfelder verfügen über eine Dampfaustrittsöffnung im hinteren Bereich. So treten bei allen AEG-Herden Wrasen und Dampf nicht – wie üblich – vorne im Bereich des Backofengriffs nach außen, sondern hinten über das Kochfeld.

Durch diese Lösung von AEG sind Verbrennungsgefahren durch ausströmenden heißen Dampf im Griffbereich ausgeschlossen.

Darüber hat die Abführung nach oben den Vorteil, daß der Dampf direkt und gezielt in die Dunstabzugshaube geleitet wird und damit eine Geruchsbelästigung sowie Verschmutzung des Herdes und der Küchenmöbel durch den fetthaltigen Dampf vermieden wird. Das Zusammenspiel zwischen den WMF-SCHNELLTÖPFEN und den AEG-Herden garantiert gesunde und schmackhafte Speisen.

In diesem Zusammenhang soll der Backraumteiler im »COMPETENCE« nicht übersehen werden. Einen teilbaren Backofen, der sich seinen Aufgaben anpaßt, hat AEG Hausgeräte für die »COMPETENCE«-HERDE entwickelt. Der mit integrierter Unterhitze ausgestattete Backraumteiler verkleinert den Backofen-Innenraum auf zwei Drittel des Gesamtvolumens und spart dabei bis zu 20 Prozent Energie. Das reduzierte Volumen reicht für fast 90 Prozent aller Braten, Aufläufe etc. aus. Der freie Raum unter dem Backraumteiler kann zum Vorwärmen des Geschirrs oder zum Warmhalten von Speisen genutzt werden.

BRAUN Multisystem Küchenmaschine
für höchste Ansprüche

Für die engagierten Freunde des Kochens und Backens steht für Vorbereitungen in der Küche mit dem BRAUN Multisystem eine Küchenmaschine zur Verfügung, die kompromißlos ist in der Funktion, in der Leistung und der Anwendung. Sie vereinigt die Vorteile von 3 klassischen Küchengeräten in einem. Dieses Multisystem ist eine perfekte Kombination von 3 Hochleistungs-Systemen.
1. Für kraftvolles Kneten, Rühren und Schlagen.
2. Für ein perfektes Schneiden, Raspeln, Reiben und Mischen.
3. Für optimales Mixen, Hacken und Zerkleinern.
Das BRAUN Multisystem ist die erste Küchenmaschine mit 2 Motoren. Ein kraftvoller 600-Watt-Motor für den Antrieb und dazu erstmalig ein extra Kühlmotor, der dem Antriebsmotor kompromißlos hohe Leistung auch bei schwerster Beanspruchung ermöglicht.
Die große Rührschüssel faßt 2 kg Mehl plus Zutaten. Das ergibt bis zu 4 kg Teig.

Alle System-Werkzeuge – das Knetwerkzeug, der Rührbesen und der Schlagbesen – sind so exakt auf den gerundeten Boden der Rührschüssel abgestimmt und passen sich ihren Konturen so optimal an, daß auch kleinste Mengen, z. B. ein einzelnes Eiweiß, perfekt verarbeitet werden.
Das Besondere an dem System 2 ist zum einen sein überdurchschnittliches Fassungsvermögen von 1,5 Litern. Zum anderen die Feinabstimmung von Arbeitsbehälter, Universalmesser und Scheiben. Damit das Messer beim Mischen auch kleinste Mengen optimal verarbeitet, ist der Boden des Arbeitsbehälters absolut eben und dicht, so daß nichts auslaufen kann. Darüber hinaus führen die Stege an der Behälterwand das zu verarbeitende Gut immer wieder dem Messer zu.
Die vier Arbeitsscheiben zum Schneiden, Raspeln und Reiben sind wie das Messer aus geschliffenem, hochwertigem Edelstahl. Die Perfektion der Verarbeitung sieht man am

appetitlichen Resultat. Und damit sich niemand verletzt, gibt es dazu eine praktische Aufbewahrungsbox für die Scheiben und eine stabile Schutzhülle für das Messer.
Das System 3 faßt in seinem kratzfesten und hitzebeständigen Glas bis zu 1 Liter Flüssigkeit. Es ist besonders leicht zu reinigen – auch in der Spülmaschine. Da der Mixbehälter aus hochwertigem Glas besteht, kann auch heißes Gut eingefüllt werden. Das optimale System zum Mixen von Suppen, Shakes und Babynahrung.
Der große Pluspunkt fürs Zerkleinern und Hacken – z. B. von Kräutern, Nüssen, Brötchen, aber auch Fleisch – die automatische Momentschaltung:
Das Messer läuft und stoppt in Intervallen, um das ganze Gut so fein wie gewünscht zu hacken oder zu zerkleinern.
Frische Kräuter, z. B. Petersilie, Schnittlauch oder Thymian, werden im Glasmixer so verarbeitet, wie Sie es wollen: *grob* für die Dekoration fertiger Speisen oder *superfein* für Salatsaucen.
Das BRAUN Multisystem ist die Küchenfee, die langwierige, aber notwendige Vorbereitungsphasen in der Küche beim Kochen und Backen vereinfacht und verkürzt.
Sie bringt in allen Küchen-Disziplinen kompromißlos beste Ergebnisse.

**Tips
zum rationellen Arbeiten**

Gourmet-Sauce schnell zubereitet: heißen Fleisch-, Fisch- oder Gemüsefond mit etwas kalter Butter in den Glasmixer geben und kurz bei Stufe 4 aufschlagen.

Tomaten für Suppen, Saucen schnell vorbereitet: Nur waschen und von den Stielansätzen befreien. Die Haut nicht abziehen, mit Messer die Tomaten zerkleinern.

Der Bohneneinfüllschacht im Deckel der Rührschüssel: Schnippelt nicht nur Bohnen und feine Gemüse, sondern schneidet auch alles, was dünn ist, für edle Salate.

Sommerkräuter für den Wintervorrat: Gewaschene, gut getrocknete Kräuter mit dem Messer fein oder grob hacken, in Gefrierbeutel geben und einfrieren.

Einmachhilfe für Konfitüren: In der Universalschüssel können Sie mit dem Messer auch größere Mengen Obst zerkleinern. Die Schüssel ist so dicht, daß beim Pürieren kein Saft ausläuft.

Saucenvariationen aus dem Glasmixer: Dressing, Mayonnaise oder Remoulade auf hoher Stufe rühren. Kräuter, Schalotte und hartgekochte Eier untermischen und zerkleinern.

Gleichmäßig schneiden: zerkleinertes Gemüse eng in den Einfüllschacht stapeln. Porreestange, Möhren und schlanke Zucchini dicht nebeneinanderstellen.

Für sämige Crèmesuppen und Saucen: Kartoffeln und Gemüse erst kochen, dann mit Sahne oder Crème fraîche pürieren.

Gleichmäßig hacken: Fleisch, Gemüse, Fisch, Käse oder Schokolade in etwa 3 cm große Stücke schneiden und in der Maschine zerkleinern.

Tip zur Sicherheit: Das scharfe Messer nicht mit dem restlichen Abwasch im Becken spülen, sondern gleich nach Gebrauch mit einer Bürste säubern.

Zum Nachfüllen grundsätzlich den Stopfer verwenden. Niemals mit der Hand in den Einfüllschacht greifen, während die Maschine läuft!

Damit nichts hochspritzt oder gar überläuft: kochendheiße Suppe langsam auf Stufe 1 bis 2 pürieren.

Der Vorratsküche nützliche Helfer

Eine sinnvolle Ergänzung zum WMF-Schnelltopf sind die nützlichen Helfer – Toppits Gefrierbeutel bis hin zu den Toppits Gefrier-Dosen – für das Einfrieren selbst zubereiteter Speisen. Es lohnt sich die gegebenen Möglichkeiten der Zubereitung im Schnelltopf in den Bereich der Bevorratung auszuweiten. Eine Verdoppelung der Kochrezepte, z. B. bei der Zubereitung des täglichen Mittagessen, spart nicht nur zweimal Energie, sondern schenkt der Hausfrau und/oder dem Hausmann mehr Freizeit. Der Dienst in der Küche wird in etwa halbiert. Eine verlockende Aussicht, der wohl keiner widerstehen wird.
Die nützlichen Helfer stellen sich auf der gegenüberliegenden Seite im Bild in voller Aktion vor. Toppits Gefrier-Beutel werden aus dreischichtigem Polaren hergestellt. Die reißfeste Mittelschicht widersteht auch stärkeren Stoßbelastungen. Und das ist sehr wichtig:

Toppits Gefrier-Beutel schützen sicher vor Gefrierbrand und sorgen dafür, daß Tiefgekühltes nach dem Auftauen und erwärmt so frisch und lecker schmeckt, wie es schmecken soll. Die Toppits Gefrier-Beutel gibt es in verschiedenen Größen für portionsgerechtes Einfrieren.
Nicht uninteressant sind die Toppits Gefrier-Koch-Beutel, die zuverlässig Temperaturen von −40 °C bis +110 °C widerstehen.
Vorgekochte Mahlzeiten oder übrig gebliebene Reste können im Beutel eingefroren und bei Bedarf später mit dem Beutel direkt im kochenden Wasser erhitzt werden.
Die Toppits Gefrier-Dosen bieten viele Vorteile in der Anwendung. Durch einen Präzisionsverschluß dicht verschlossen, bleiben Aroma und Geschmack der tiefgefrorenen Speisen sicher erhalten. Es stehen vier praktische Größen zur Auswahl, die platzsparend und sicher stapelbar sind. Die Toppits Gefrier-Dosen

sind selbstverständlich lebensmittelecht, spülmaschinenfest und von −40 °C bis +90 °C temperaturbeständig.
Eis sollte und darf den Geschmack eisgekühlter Getränke nicht verfälschen. Toppits Eiskugel-Beutel umschließen das Eis hygienisch, dicht und schützen es sicher vor störender Geschmacks- und Geruchsübertragung beim Einfrieren. Eiskugeln können in größeren Mengen hergestellt und einzeln entnommen werden, gerade so, wie man sie braucht. Eis schmeckt nach Eis und nicht nach Kühlschrank.
Für alle Toppits-Beutel stehen Toppits Verschluß-Klemmen als praktische Helfer zur Verfügung. Sie schließen extra dicht, sind schnell und einfach anwendbar und immer wieder einzusetzen. Sie sind außerdem spülmaschinenfest, gefriersicher und kochfest.

Toppits® Gefrier-Koch-Beutel
zum Einfrieren und Kochen.

Toppits® Gefrier-Dosen
mit Präzisionsverschluß.

Toppits® Gefrier-Beutel
aus Polaren® schützen
vor Gefrierbrand.

Toppits® Eiskugel-
Beutel zum Kühlen
von Getränken oder
Portionieren von Soßen.

Unabhängig dank Tiefkühlkost

Mittlerweile können wir uns Kochen ohne Tiefkühlkost kaum mehr vorstellen. Tiefgekühlte Gerichte und Produkte bedeuten immer auch ein Stück Unabhängigkeit.

Unter Ernährungs- und Kochprofis, aber auch unter den Hausfrauen und Hausmännern hat es sich längst herumgesprochen: Das Tiefkühlverfahren ist die ideale Methode, die Frische und damit auch die Qualität von Lebensmitteln lange zu erhalten. Denn das Tiefgefrieren wirkt auf die Lebensmittel, als hielte man die Zeit an. Der natürliche Alterungsprozeß wird im Kälteschlaf auf ein Minimum reduziert, da die hierfür verantwortlichen Enzyme inaktiviert werden und auch Mikroorganismen nicht mehr wachsen können.

Modernste und genau ausgeklügelte Verarbeitungsmethoden sorgen dafür, daß die Qualität von fangfrisch auf Eis gelegtem Fisch oder erntefrisch tiefgefrorenem Gemüse bestens bewahrt bleibt.

Hauptcharakteristikum des industriellen Tiefgefrierens ist, daß den zu gefrierenden Lebensmitteln immer sehr schnell die Wärme entzogen wird. Dies geschieht bei Temperaturen von bis zu −40 °C auf

optimale Weise. Schließlich hängt davon ab, wie es um die inneren Werte des Lebensmittels beim späteren Verzehr bestellt ist. Nur ein schnelles Gefrieren führt zu einer solch feinen Eiskristallbildung, die die Zellstrukturen beispielsweise von Gemüse vor »Verletzungen« bewahrt. Bei langsamen Gefrierprozessen entstehen hingegen große Kristalle, die Zellverbände und damit Gewebestrukturen zerstören können.

In diesem Fall ist dem Gemüse hinterher anzusehen, daß es nicht so frisch ist, wie es vorgibt. Zellflüssigkeit kann nach dem Auftauen durch die entstandenen Öffnungen herausfließen und im Zellsaft gelöste Inhaltsstoffe wie Mineralstoffe und Vitamine mitnehmen. Der Saft ist raus – ganz wörtlich genommen –, die Form dahin. Einst frisch und

knackig, jetzt schlaff und fad. Mit falschem Einfrieren, wie es im privaten Haushalt leider vorkommen kann, tut man sich und dem Gemüse keinen Gefallen. Wenn man es richtig macht, ist das Tiefgefrieren eine nährstoffschonende, ideale Methode der Haltbarmachung. Wichtig sind dabei jedoch Temperatur und Tempo. Um die Zellen, zum Beispiel von Gemüse nicht zu schädigen, muß man das Gefriergut bei möglichst tiefen Temperaturen und schnell in den Kälteschlaf legen. Nur so wird verhindert, daß sich in den Zellen große spitze Eiskristalle bilden, die die Struktur der Zellen schädigen.

Das Tiefgefrieren kann man auch als das Vitamin-Schonprogramm bezeichnen. Ohne Vitamine läuft nichts, denn sie greifen in alle wich-

tigen Körperfunktionen ein. Sie regeln beispielsweise den Stoffwechsel und schützen den Organismus vor Krankheiten.

Um so wichtiger ist es, diese empfindlichen Stoffe vor Vitaminräubern wie Licht, Sauerstoff und falsche oder zu lange Lagerung zu bewahren. Der schnelle Verarbeitungsprozeß bei der Herstellung von Tiefkühlprodukten und der anschließende Kälteschlaf bieten ein optimales Vitamin-Schonprogramm. Erntefrisch zum idealen Reifezeitpunkt »in den Kälteschlaf gelegt«, stecken in tiefgekühltem Gemüse oftmals weit mehr Vitamine als in Frischgemüse. Vitamine sind kurzlebige Gesundheitsspender, deren Feinde Wärme und Zeit sind.

So sieht zum Beispiel der Vitamin-C-Verlust bei drei ausgesuchten Gemüsearten unter drei verschiedenen Umgebungstemperaturen wie folgt aus:

Lagert man Erbsen zwei Tage bei Raumtemperatur (auf dem Frischmarkt werden oft höhere Temperaturen erreicht!), so sind bereits 36% des Vitamins dahin, im Kühlschrank sind nach gleicher Zeit 10% Vitaminschwund zu beklagen. Nur als Tiefkühlprodukt behalten Erbsen ihr Vitamin C praktisch zu 100 Prozent – und das nicht nur über zwei Tage –, sondern über viele Monate hin. Blumenkohl verliert in der selben Zeit bei Raumtemperatur 26% seiner Vitamine, im Kühlschrank gehen in 2 Tagen 8% Vitamine verloren. In der Tiefkühltruhe behält der Blumen-

kohl praktisch 100% seiner Vitamine.

Der Spinat verliert in zwei Tagen bei Raumtemperatur 79% seiner Vitamine, hat im Kühlschrank 33% Vitaminverlust. Im Tiefkühlschrank bleiben praktisch 100% Vitamine erhalten.

Nur durch ständige Tiefkühlung von –30 °C bis –18 °C ist gewährleistet, daß Vitamine und Inhaltsstoffe des Gemüses optimal erhalten bleiben – zum Wohlgeschmack und für unsere Gesundheit!

Erntefrisch tiefgekühltes Gemüse erfüllt die vorgenannten Voraussetzungen. Auch bei tiefgekühlten Fischprodukten haben Vitaminräuber wenig Chancen. Bereits auf den Fangschiffen oder direkt nach Anlandung werden Seelachs, Scholle, Rotbarsch, Kabeljau & Co. ausgenommen, gesäubert, filetiert und tiefgefroren. Wer Wert auf eine gesunde Ernährung legt, sollte daher öfter zu Genüssen aus der Tiefkühltruhe greifen, denn frischer lassen sich Gemüsemahlzeiten oder Fischgerichte kaum auf den Tisch bringen.

Die Geheimnisse feiner Suppen und Saucen

Sicher gehören auch Sie zu den Mitmenschen, die gutes Essen lieben und die Geheimnisse einer guten Küche kennen. Oder Sie sind zumindest neugierig darauf. Zwei Geheimnisse, die Sie vielleicht noch nicht kennen, möchte ich verraten. Es gibt sie, die Gourmet Fonds und die neue fertige Gourmet-Saucen-Basis »Sauce double« von LACROIX.
Fonds werden von Meisterköchen traditionell aus Fleisch, Fisch, Knochen, Gemüse, Weinen, Wasser, Gewürzen und Kräutern frisch zubereitet. Die Herstellung braucht viele Stunden Zeit, viele gute, frische Zutaten und große professionelle Sorgfalt.
Die Meisterköche von LACROIX bieten den anspruchsvollen Hausfrauen und den anspruchsvollen Hobbyköchen mit den neun verschiedenen Fonds die Möglichkeit, so zu kochen wie ein Meisterkoch. Und das wesentlich einfacher und schneller! Aus den feinen Fonds lassen sich ganz einfach feine Suppen und Saucen zaubern, ohne jede Mühe.
Ein Beispiel: für einen feinen Fond als Basis für die Sauce braucht ein Meisterkoch ca. 4 Stunden. Mit einem Fond von LACROIX zaubert die anspruchsvolle Hausfrau eine köstliche Sauce in kurzer Zeit. Und – das Erfolgserlebnis ist ihr sicher bei feinen Suppen, Saucen und köstlichen Terrinen.
Mit den verschiedenen Varietäten, wie zum Beispiel Geflügel-, Fisch-, Hummer-, Waldpilz-Fond und vielen anderen, lassen sich schnell und einfach herrliche Creationen schaffen. Die Fonds sind aus der modernen Küche nicht mehr wegzudenken. Das soll auch so bleiben. Jetzt gibt es noch mehr Freude beim Kochen.

Zu den Fonds haben sich drei neuartige Produkte gesellt, die »Sauce double« von LACROIX. Sauce double ist eine bereits fix und fertige Gourmet-Saucen-Basis. Einfach erhitzen und mit der gleichen Menge LACROIX FOND oder Sahne aufschlagen. Fertig. Aber wieviel Spaß und Genuß bringt erst eine Sauce, die man selbst noch creativ – z. B. mit Safran, frischen Dillspitzen, Crème fraîche und ein wenig Pernod zu einer cremig französischen Fischsuppe à la Navarin verzaubern kann.
So ist »Sauce double« auch gedacht. Sie haben den Fisch, das Fleisch, Pasta oder Gemüse. Dafür stehen zur Verfügung: dreimal »Sauce double«, welche für jede Ihrer eigenen Rezepturen und Saucen-Ideen anwendbar sind. Mit »Sauce double« wird jede Ihrer Saucen-Idee eine meisterliche Creation.

Anwendungsmöglichkeiten für Fonds

Rinder Fond
Ideal für Saucen und Fleisch, Basis für Consommés und Gemüsesuppen, als Fondue-Basis für Fleischfondues.

Kalb Fond
Vorzüglich für alle hellen und hellbraunen Saucen zu Fleisch, als Fondue-Basis für Fleischfondues.

Geflügel Fond
Hervorragend zu hellem Fleisch, als Geschmackskräftigung für Gemüsesuppen und Terrinen.

Wild Fond
Sehr gut für aromatische hellbraune und dunkle Saucen, zu kräftigem dunklem Fleisch. Ideal zu Terrinen von Wildgeflügel.

Lamm Fond
Ausgezeichnet für Saucen zu Lammkoteletts, Lammkeule und Lammfilets.

Fisch Fond
Zu jedem Fisch und Geflügel. Besonders gut geeignet für Terrinen und Sülzen, als Fondue-Basis für Fischfondues.

Gemüse Fonds
Feinaromatische Basis für Suppen, zum Garen von Gemüsen oder als Aufguß für Aufläufe.

Waldpilz Fond
Für Saucen und Suppen wie klare Waldpilz-Suppe, Waldpilz-Rahmsuppe, Pilz- und Bratensaucen.

Hummer Fond
Ideal für besondere Gerichte mit Hummer, edlem Fisch und Krustentieren.

Vom Fond zur Gourmet-Sauce

1. Schritt LACROIX FOND auswählen
2. Schritt reduzieren
3. Schritt mit Gewürzen aromatisieren
4. Schritt Sauce mit Crème fraîche oder Sahne verfeinern.
Im WMF-Schnelltopf können Sie LACROIX FONDS zum Garen von Gemüsen einsetzen und zum Aroma-Garen. In den Rezepten dazu genaue Hinweise.

Anwendungsmöglichkeiten für SAUCE DOUBLE

SAUCE DOUBLE ist eine bereits fix und fertig konzentrierte Gourmet-Saucen-Basis.

1. Schritt SAUCE DOUBLE einfach erhitzen

2. Schritt die gleiche Menge Sahne oder Lacroix Fond zugeben

3. Schritt mit dem Schneebesen aufschlagen, fertig

4. Schritt nach Gusto mit Gewürzen und Aromen verfeinern und garnieren.

Bei SAUCE DOUBLE haben Sie die Wahl:

SAUCE DOUBLE für Fisch, Geflügel & Pasta

SAUCE DOUBLE für helles Fleisch & Gemüse

SAUCE DOUBLE für dunkles Fleisch & Wild

Würzen und Verfeinern einmal anders

Die moderne Feinschmeckerküche verlangt nicht Verzicht, sondern Vielfalt und Ausgewogenheit, eine bewußte Auswahl bei der Zusammensetzung der Speisen und ihrer Zubereitung. Unser Körper profitiert von diesen Regeln. Aus einem Gourmand wird ein Gourmet. Eine nicht geringe Anzahl von Produkten aus dem Hause SCHWARTAU gehören in diesen Rahmen. Sie sind das I-Tüpfelchen für den Genuß! Die Verwendungsmöglichkeiten hören beim Backen und der Zubereitung von Desserts oder Eis nicht auf. Auch in Kochrezepten unterstreichen die frisch und aromasicher verpackten Zutaten den ausgewogenen Geschmack in der Zusammenstellung der Speisen mit. Im Kapitel »Desserts« sind selbstverständlich alle SCHWARTAU-Produkte stets willkommen. Die folgende Übersicht soll Ihnen die Möglichkeit geben, eigene,

selbst entwickelte Koch- und Dessertrezepte mit entsprechenden SCHWARTAU-Produkten zu bereichern. Mit den auf der rechten Seite abgebildeten Mövenpick Gourmet Dessert Saucen bietet SCHWARTAU ein Premium-Angebot, das sich an dem Qualitätsstandard der Spitzengastronomie orientiert. Eine Voraussetzung – auch für die Hausfrau oder den Hausmann – Speisen auf den Tisch zu bringen, die das Prädikat »Premium« verdienen. Die Erfahrungen Mövenpicks und das SCHWARTAU Know-how bei der Herstellung von Dessert Saucen garantieren Top-Produkte. Ich verwerte in entsprechenden Kochrezepten Mövenpick Gourmet Cassis- und/ oder Himbeersaucen. Sie sind feinpassiert, wie es in der Spitzengastronomie Voraussetzung ist, damit alle Kerne der Früchte entfernt sind, die statt Aromastoffe

nur Bitterstoffe freisetzen. Der dann fehlende Teil der Frucht wird durch zusätzliche Früchte aufgefüllt. Es ist für SCHWARTAU selbstverständlich, nur Früchte aus besten Provenienzen zu verwenden. Die Gourmet Cassis- oder Himbeersaucen verwende ich unter anderem zur geschmacklichen Abrundung und Verfeinerung der Füllungen und/oder Saucen für Wild- und Käsegerichte. Die nachfolgenden Rezepte in diesem Buch bringen kulinarische Leckerbissen, auch unter Verwendung von SCHWARTAU-Produkten. Im Kapitel Dessert sind zusätzlich die anderen Gourmet Dessert Saucen mit im Einsatz. Die Bourbon-Vanillesauce aus feinster Sahne und Bourbon-Vanille aus der Bourbon-Vanillestange. Die Mövenpick Chocolade, aus besten Kuvertüren hergestellt, hat einen hervorragenden schokoladig-cremigen Geschmack.

Die Gourmet Sauce Cream-Caramel wird mit einem echten Schuß Irish-Whiskey abgeschmeckt.

Alle Gourmet-Saucen werden aus besten Zutaten und aromaschonend hergestellt. Die Konsistenz der Saucen ist fruchtig, cremig fließend und hat ein hervorragendes Deckverhalten bei der Anwendung auf Desserts.

Ich verarbeite in meinen Rezepten aus dem reichhaltigen SCHWARTAU-PROGRAMM immer wieder Produkte, zum Beispiel SCHWARTAU Wild-Preiselbeeren für »Rotkraut mit Birnen«. Für eine leckere Orangensauce zu einem Entenbraten verfeinere ich die Sauce mit SCHWARTAU Bittere Orangen-Marmelade und Aprikosen-Konfitüre.

Ich kann mir auch einen Orientalischen Reis ohne geröstete gehobelte Mandeln und gehackten Pistazien nicht vorstellen.

Die SCHWARTAU gehobelten, gesplitterten, gehackten wie gemahlenen süßen Mandeln, auch die gehobelten Haselnüsse finden immer wieder einen Platz in neuen Rezepten, ganz abgesehen von alteingeführten Rezepturen. Wie gut schmeckt eine Roastbeef-Röllchen-Füllung aus gehobelten angerösteten Haselnüssen mit kleingeschnittenen in Butter geschmorten Pfifferlingen und gewürfelten hartgekochten Eiern in mit Cognac abgeschmeckter Mayonnaise.

Oder eine Forelle blau, mit goldgelb gerösteten gehobelten Mandeln und Wild-Preiselbeeren mit Orangenscheiben.

Geröstete gehobelte Mandeln passen gut zu einem Kalbsleber-Cocktail mit einer Cassissauce.

Eine Tomatenfüllung aus Mozzarella mit Oliven und gehackten Pistazien ist sicher nicht zu verachten.

Köllnflocken – denn Hafer hat's in sich

Nutzen Sie die einmalig von der Natur gegebenen Inhaltsstoffe des Hafers für sich und Ihre Familie, damit Sie gesünder genießen. Da das naturbelassene Haferkorn als Ganzes zu KÖLLNFLOCKEN ausgewalzt wird, bleibt das natürliche Gefüge aller Nähr- und Wirkstoffe in der ursprünglichen Form erhalten. Die Kraft des Hafers kann sich dadurch voll entfalten und dazu beitragen, daß Sie sich im Zusammenhang mit dem perfekten gesunden Kochen im Schnellkochtopf gesund und fit fühlen. Denn KÖLLN-FLOCKEN haben es nicht nur in sich, sie bieten auch Genuß und Freude am Essen. Sie duften aromatisch und sind ausgesprochen wohlschmeckend. Sie werden feststellen, daß alle Speisen, von der Vorspeise bis zum Dessert, feiner, wohlschmeckender und bekömmlicher werden. KÖLLNFLOCKEN tragen zu kulinarischen Köstlichkeiten bei. Macht es nicht viel Spaß, neue Gerichte mit etwas Besonderem, in diesem Fall KÖLLNFLOCKEN, auszuprobieren?
KÖLLNFLOCKEN bieten praktische Vorteile und tragen zum guten Gelingen der Gerichte bei. Sie verfeinern und runden den Geschmack vieler Speisen vorteilhaft ab, ohne selbst vorzuschmecken. Die leichte, lockere Struktur der BLÜTENZARTEN KÖLLNFLOCKEN bringt z. B. viel Luft in den Teig von Omeletts, Pfannkuchen, Klößen und vielen anderen Zubereitungen. Die Speisen werden besonders locker und saftig. KÖLLNFLOCKEN sind sehr saug- und quellfähig und dadurch ein ideales Bindemittel für Suppen, Soßen und Eintopfgerichte. KÖLLN INSTANT-FLOCKEN werden einfach in die kalte Flüssigkeit gestreut. Sie

klumpen nicht. Kalt angerührte KÖLLN INSTANT-FLOCKEN binden Suppen und Saucen auch noch in letzter Minute. Die nährstoffreiche Flüssigkeit im Schnellkochtopf gedünsteter Speisen, wie z. B. Gemüsewasser, läßt sich mit KÖLLN INSTANT-FLOCKEN gut binden. Kartoffelklöße, Kroketten, Hackfleischteige und viele andere Speisen halten gut zusammen, bleiben jedoch locker und saftig, wenn sie mit BLÜTENZARTEN KÖLLNFLOCKEN zubereitet werden.
KÖLLNFLOCKEN saugen Oberflächenfeuchtigkeit sofort auf und bilden so eine ideale Trennschicht. Mit KÖLLN INSTANT-FLOCKEN paniertes Bratgut bleibt nicht am Pfannenboden hängen. Beim Ausstreuen vom Back- und Auflaufformen mit gerösteten BLÜTENZARTEN KÖLLN-FLOCKEN oder KÖLLN'S KERNIGEN hat sich die trennende Eigenschaft bestens bewährt. Kuchen sowie süße Aufläufe lösen sich einwandfrei aus der Form.
Mit KÖLLN INSTANT-FLOCKEN panierte Fleisch- und Fischstücke bleiben innen saftig, da die Trenneigenschaft der Flocken voll zur Wirkung kommt. Ein Auslaugen des Bratgutsaftes wird vermieden. Das gewürzte Bratgut wird einfach in KÖLLN INSTANT-FLOCKEN gewendet und kommt sofort ins heiße Fett. Damit entfällt das umständliche Panieren mit Eigelb, Mehl und Paniermehl.
So sparen Sie auch hier wie beim Schnellkochtopf Zeit! Das mit KÖLLN INSTANT-FLOCKEN panierte Bratgut bekommt eine knusprigbraune Kruste, die leicht nußartig schmeckt. Kroketten, in KÖLLN INSTANT-FLOCKEN oder

BLÜTENZARTE KÖLLNFLOCKEN gewendet, sind ein knuspriger Genuß.
Durch die wertvollen Bestandteile des Haferkorns wird das Backen mit KÖLLNFLOCKEN nicht nur genußreich, sondern auch gesünder. KÖLLNFLOCKEN sind ideal zum Backen, denn aufgrund ihres hohen Ballaststoffgehalts ziehen sie viel Feuchtigkeit an und sorgen so dafür, daß das Gebäck lange frisch und saftig bleibt.
Zum Abschluß sollen die HAFER-KLEIE-FLOCKEN nicht vergessen werden. Die Haferkleie beinhaltet die wertvollsten Bestandteile des Hafers in hoher Konzentration für mehr lösliche und unlösliche Ballaststoffe, Vitamine und Mineralstoffe in der täglichen Ernährung.
Die HAFERKLEIE-FLOCKEN sind somit extrem gesunde Zutaten für Vorspeisen, Zwischenmahlzeiten, Suppen, Hauptgerichte, Desserts, aber auch für Kuchen und Gebäck. Sie bringen beste wichtige Voraussetzungen für eine cholesterinbewußte Ernährung mit. Ihre löslichen hochwirksamen Ballaststoffe regen die Bildung von Gallensäuren aus Cholesterin an. Dadurch gelangt weniger Cholesterin ins Blut. Der Cholesterinspiegel sinkt und gleichzeitig steigt der Anteil des guten, des HDL-Cholesterins. Es kommt zu einer besseren Zusammensetzung der Blutfette. Die unlöslichen Ballaststoffe regen die Verdauung an.
Zwei Pluspunkte, die beim gesunden Garen eine entscheidende Rolle mitspielen können.

Butaris Butterschmalz

BUTARIS Butterschmalz ist ein ernährungsphysiologisch hochwertiges Produkt, das leicht verdaulich und daher besonders bekömmlich ist. Mit den wertvollen Inhaltsstoffen wie zum Beispiel den Vitaminen A, D und E leistet es einen wichtigen Beitrag zu einer ausgewogenen und gesunden Ernährung.

Dabei sieht das goldgelbe BUTARIS Butterschmalz ebenso gut aus, wie es schmeckt. Beim Kochen, Dünsten, Braten, Schmoren, Fritieren und Backen entfaltet BUTARIS sein unvergleichliches Butteraroma. BUTARIS ist zudem 20% ergiebiger als Butter und bis zu 9 Monaten haltbar – im Kühlschrank sogar bis zu 15 Monaten – und kommt dabei ohne Konservierungsstoffe aus. BUTARIS zeigt sich beim gesunden

Kochen im Schnellkochtopf PERFECT von seiner besten Seite. Die schonenden Garmöglichkeiten dieses hochwertigen Schnellkochtopfs garantieren den natürlichen Geschmack aller Speisen, den weitgehenden Erhalt der Vitamine, Mineral- und Aromastoffe auch zarter Lebensmittel, wobei das Butterschmalz den typischen Eigengeschmack der Zutaten unterstreicht und das feine Butteraroma Gerichte zu ganz besonderen Leckerbissen werden läßt. Suppen und Saucen verfeinert man delikat durch die Zugabe von etwas BUTARIS.

Ein guter Braten sollte und muß im heißen, möglichst wasserfreiem Fett schnell garen und bräunen, um saftig zu bleiben. BUTARIS ist dafür

besonders gut geeignet. Es läßt sich hoch erhitzen und beim Braten schließen sich sofort die Poren. Das Fleisch bleibt zart und saftig, wird außen knusprig braun. Für eine gute Sauce bietet der Bodenansatz mit seinen feinen Aroma- und Röststoffen eine sehr gute Basis.

Für das Aroma-Garen im Schnellkochtopf BUTARIS verwenden. Gemüse wie auch Fisch erhalten mit einer zusätzlichen Beigabe entsprechender Gewürze eine raffinierte Geschmackskombination. Das Salz darf dann vergessen werden.

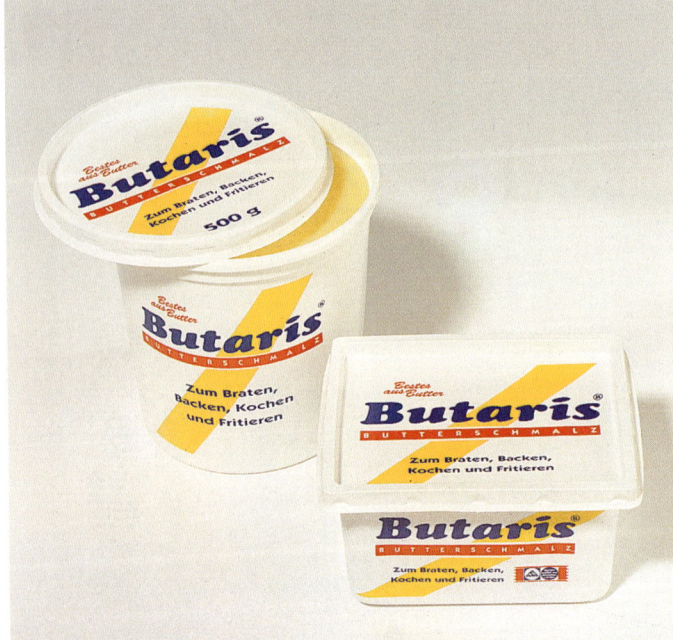

TIP
Fritieren mit Butterschmalz für köstlich-leichte Leckerbissen. Durch seine hohe Erhitzbarkeit sorgt Butterschmalz dafür, daß sich die Oberfläche des Fritiergutes blitzschnell schließt, wenig Fett eindringen läßt und das Innere saftig bleibt. Hinzu kommt, daß Butterschmalz beim Fritieren nicht spritzt! Es eignet sich bestens, weil es sehr bekömmlich ist und den Geschmack guter Butter an alles Fritierte bringt.

FUCHS-GEWÜRZE

Spitzenqualität aus dem Garten der Natur

Mit FUCHS edlen Kräutern und Gewürzen verwenden Sie für Ihre Speisen ausschließlich kontrollierte Spitzenqualitäten. Das beginnt mit der Aussaat auf den FUCHS-eigenen Anbaugebieten und hört bei der strengen Qualitätssicherung nicht auf. FUCHS-Gewürze und -Kräuter gelangen frisch vermahlen und aromaschonend auch in Ihre Küche! Jedes Gericht, jede Speise hat ein enges Verhältnis zu bestimmten Gewürzen und/oder Kräutern. Diese sind es, deren Aromen den Eigengeschmack der Speisen unterstreichen oder verbessern. FUCHS-Spitzenqualitäten sind mit die besten Voraussetzungen für ein schmackhaftes und gesundes Aroma-Garen im WMF-Schnellkochtopf.

Der Schnellkochtopf und das Würzen

Selbstverständlich ist das Würzen stets eine individuelle Angelegenheit. Das gilt auch für die Zubereitung von Speisen im Schnellkochtopf. Doch sollte dabei beachtet werden, daß gegarte Speisen im Schnellkochtopf ihren Eigengeschmack weitgehend behalten. Das setzt voraus, mit Gewürzen vorsichtig umzugehen. Würzen Sie stets nur soviel, wie es die Speise verdient. In jedem Fall, immer vor der Zugabe von Gewürzen die Speisen abschmecken. Vergessen Sie es, kann der Eigengeschmack der Speise übertönt werden. Dieser soll aber nur unterstrichen, ja verfeinert sein. In vielen Fällen können Sie durch die Verwendung von Gewürzen auf das Salz verzichten.

Es liegt mir fern, jemanden im Würzen einzuschränken. Auch mit dem Garen im Schnellkochtopf soll jeder die Speisen nach seinem eigenen Geschmack zubereiten. Die folgende Aufstellung soll Ihnen dafür eine Hilfestellung geben.

Zum Würzen gehören auch Früchte, die ich in der Aufstellung voranstelle. Die Verwendung von Früchten hat nicht nur zusätzliche geschmackliche Effekte, sondern verwöhnt auch das Auge, das bekanntlich mitißt. Ein umfangreiches Angebot frischer Früchte erlaubt eine vielfältige Verwendung in der Küche. Ich rate Ihnen, haben Sie den Mut, immer wieder einmal etwas Neues zu wagen! Wenn Sie Früchte zum Würzen nehmen, beachten Sie bitte, daß Fruchtzucker und Fruchtsäuren, aber auch fruchteigene Duftstoffe den Geschmack der Speisen beeinflussen.

Folgende Anwendungsbeispiele sollen Ihnen helfen, und ich wünsche Ihnen viel Erfolg für neue Würzrichtungen.

Ananas: Schinken, Schweinebraten, Steaks von Rind, Kalb, Schwein, Wild, Wildgeflügel, Sauerkraut, Salate

Äpfel: Geflügel wie Gans, Ente oder Puter, Schweine-, Rinder- und Kalbsleber, Wild, Wildgeflügel, Rotkohl, Meerrettich, Sauerkraut, Bohnen, Salate
Bananen: Gebratener Fisch, Curry-Gerichte, gebratenes Geflügel, Wild, Wildgeflügel, Steaks von Rind und Kalb, Salate
Birnen: Wild, Bohnen, Salate, für Steaks in Verbindung mit Preiselbeeren
Grapefruit: Wild, Wildgeflügel, Salate
Orangen/Apfelsinen: Schweinebraten, Wild, Wildgeflügel, Salate
Preiselbeeren: Wild, Wildgeflügel, Tellerfleisch, Saucen
Sultaninen: Karpfen, Sauerbraten, gekochte Zunge, gefüllte Äpfel, Rotkohl
Weintrauben: Rinder- und Schweinebraten, Fisch, Wild, Wildgeflügel

Hiermit tut sich ein breites Feld auf, immer wieder neue Zusammensetzungen der Speisen zu probieren.

Das Aroma-Garen

Die Gewürze und die Kräuter spielen für das Aroma-Garen bei der Zubereitung der Speisen im Schnellkochtopf eine große Rolle. Das kurze Garen beim Gemüse garantiert den natürlichen Geschmack. Das Gemüse wird nicht im Wasser, sondern über dem Wasser im gelochten Einsatz im Dampf gegart. Gewürze und/oder Kräuter werden je nach Gericht dem Wasser zugegeben. Das Kochgut wird vom aromatisierten Dampf durchzogen, ohne mit dem Wasser in Berührung zu kommen. Die Krönung ist ein natürlicher, unvergleichbarer Wohlgeschmack.

Welche Gewürze und Kräuter eignen sich zum Aroma-Garen?
Bouquet garni: besteht aus Petersiliensträußchen, 1 Thymianzweig, 1 Lorbeerblatt, 1 Streifen Orangenschale.
Gemüse-Kräuter-Bündel: Lauch, Sellerie, Karotten, Petersilie, Thymian.
Basilikum: frische junge Blätter eignen sich am besten. Geschmack wie eine Mischung aus Nelken und Pfeffer. Sparsam verwenden.
Bohnenkraut: Vorsicht bei der Dosierung, entwickelt erst beim Kochen den vollen Geschmack! In keinem Fall mit Thymian und Majoran kombinieren!
Petersilie: glattblättrige Petersilie nehmen. Sie hat mehr Würzgeschmack wie krause Petersilie.
Pfeffer, schwarzer und/oder

Pfeffer weißer: stets frisch mahlen
Salbei: stark aromatischer Geruch. Zuviel schmeckt bitter und streng. Fein dosieren. Frisch würzt Salbei feiner als getrocknet.
Wacholderbeeren: nur in kleinen Mengen verwenden
Zitrone: anstelle von Essig einsetzen.

FUCHS Fein und Mild
FUCHS Pikant
In den Rezepten in diesem Buch werden die Gewürze und Kräuter unter den Zutaten angegeben. Die vorangegangene Aufstellung soll die Möglichkeit offenlassen, eigene Geschmacks-Wünsche zu erfüllen. Für das Aroma-Garen sind die FONDS von LACROIX eine hervorragende Ausgangsbasis.

Lebensmittel-Einkauf und unsere Gesundheit

Eine sinnvolle Voraussetzung und gleichzeitig die wichtigste Ergänzung zum gesunden Schnellkochen ist der Lebensmittel-Einkauf. Folgende Punkte sollte man bei der Auswahl der Produkte beachten:

1. Nur frische Lebensmittel wählen. Zur FRISCHE gibt es keine Alternative!

2. Darauf achten, daß Gemüse nicht mit Wasser frisch gemacht wurde. Dieses Gemüse hat bereits einen Großteil seiner essentiellen Nährstoffe verloren. Dasselbe gilt für angewelktes Gemüse. Für sogenanntes Gemüseheu sollte man sein Haushaltsgeld nicht ausgeben.

3. Wenn in der Nähe ein Wochenmarkt ist, sollte man versuchen, einen Verkäufer zu finden, dem man vertrauen kann, weil er ausschließlich frische Ware verkauft. Für unsere Gesundheit ist es verträglicher, lieber etwas mehr zu zahlen, als auf billige Angebote hereinzufallen.

4. Gemüse und Obst, beide haben eine Saison. Das bedeutet, Frische zu günstigen Preisen.

5. In der warmen Jahreszeit nur für den Tagesbedarf einkaufen. Spinat zum Beispiel, an einem heißen Sommertag in der Küche liegen gelassen, hat den Verlust von zwei Dritteln des Vitamin »C«. Bereits zerkleinertes Gemüse nicht kaufen. Die Vitaminverluste sind bei diesem Gemüse ganz besonders hoch. Auch vorgefertigte Salate in Cellobeutel liegen lassen. Die Vitaminverluste sind hier ebenfalls außerordentlich hoch. Zerkleinertes Gemüse und die vorgefertigten Salate sollten im Grunde genommen zu keiner Jahreszeit gekauft werden.

6. TK-Gemüse und Obst können das ganze Jahr über in den Speiseplan eingebaut werden. TK-Gemüse wie auch Obst besitzen alle essentiellen Nährstoffe, da sie durch schnelle Ernte und Schockfrostung keine Verluste erleiden. Wichtig ist jedoch beim Kauf, auf einwandfreie Verpackung zu achten. Der Inhalt muß beim Schütteln der Packung locker rappeln. Fühlt sich der Inhalt (außer bei Spinat) wie ein fester Block an, war das Gemüse bereits einmal angetaut. Gemüse kann auch Gefrierbrand (Austrocknung) erleiden. Die Folgen sind eine Beeinträchtigung von Geschmack und Konsistenz. Die davon betroffenen Schichten nehmen kein Wasser mehr auf oder nur wenig. Dieses Gemüse ist nach der Zubereitung zäh und ledrig.
TK-Gemüse nur aus Truhen entnehmen, die nicht zu voll gepackt sind. Die Lagertemperatur sollte mindestens −18 °C haben.

7. Schweinefleisch so frisch wie möglich verzehren. Es soll eine kräftige rosa Farbe haben und eine trockene, aber keinesfalls ausgetrocknete Schnittfläche. Etwas Fett schadet nicht, es gibt einen guten Geschmack. Es kann nach dem Garen abgenommen werden.

8. Kalbfleisch ist eine Delikatesse. Dieses zarte, saftige Fleisch soll eine hellrosa Farbe haben und auf der Schnittfläche leicht feucht sein.

9. Rindfleisch muß abgehangen sein!
• zum Kochen 3–5 Tage
• zum Garen/Schnellkochtopf 14 Tage
• Rinderfilet 4 Wochen
Rindfleisch – schlachtfrisch – bleibt zäh.
Rindfleisch sollte eine saftrote Farbe haben und angenehm nach frischem Fleisch riechen.

10. Lammfleisch eignet sich ebenfalls gut zum Garen im Schnellkochtopf. Es besitzt ein optimales Eiweiß-Fett-Verhältnis. Stets Lamm kaufen, nicht Schaf oder Hammel.

Beim Lamm immer das Fett mit anbraten oder schmoren. So erhält man einen herzhaften Braten. Das Fett nach dem Braten abschneiden und Saucenfond abnehmen.

11. WICHTIG: Fleisch nicht mit stark riechenden Lebensmitteln zusammen lagern, auch nicht im Kühlschrank.

12. Geflügel spielt für eine gesunde Ernährung eine sehr wichtige Rolle. Es ist ein großer Eiweißträger in Verbindung mit Vitaminen und Mineralstoffen.
Frisch geschlachtetes Geflügel 2 Tage reifen lassen. Einen saftigen Braten erhält man von schweren und fleischreichen Tieren.

13. Beim Einkauf von Wildgeflügel mehr oder weniger auf die gleichen Kriterien wie beim Hausgeflügel achten. Das gilt auch für tiefgefrorene Tiere.
Tiefgefrorenes Haus- und Wildgeflügel nur dann kaufen, wenn
a) keine weißen Frostflecken auf dem Fleisch sind und keine Schnee- oder Eisbildung unter der Folie zu sehen ist.
b) Die Verpackung darf nicht beschädigt sein!

WICHTIG: Tiefgefrorenes Geflügel muß vor dem Zubereiten aufgetaut werden. Dazu die Verpackung entfernen und das Geflügel auf ein Sieb legen, damit die Auftauflüssigkeit ablaufen kann.
Die Ablaufflüssigkeit weggießen. Salmonellengefahr!

14. See- und Süßwasserfische werden frisch und tiefgefroren angeboten. Beim Einkauf von frischen Fischen folgende Kriterien beachten:
• Schuppen müssen glatt sein und anliegen. Sie dürfen weder gelb noch grau verfärbt sein.
• Die Kiemen müssen hellrot oder dunkelrosa aussehen, keinesfalls grau-rot oder braun.

Vorspeisen und Zwischenmahlzeiten

Hofmeister-Cocktail

(für 4–6 Personen)

300 g Heilbuttfilet (frisch o. TK)
Saft 1/2 Zitrone
40 g BUTARIS Butterschmalz
FUCHS Meersalz
2 EL (gehäuft) Mayonnaise
80 % F.
5 EL (gehäuft) Crème double
1 TL Dijon-Senf
100 ml süße Sahne
2 feste Bananen
2 Orangen
3 Scheiben Ananas (a. d. Dose)
40 g SCHWARTAU süße Mandeln,
gesplittet

Zubereitung
WMF-Schnellpfanne

Seiten 30/31:
Hofmeister-Cocktail

1. Frischen Heilbutt waschen, trokken tupfen und mit etwas Zitronensaft säuern. (Gefrorenen Heilbutt etwa 15 Minuten antauen, danach ebenfalls mit Zitronensaft säuern.)
2. Im Topf Butterschmalz erhitzen, Sahne zugeben, den Heilbutt einlegen, etwas salzen. Topf schließen. GAREN 1. Ring 2–3 Minuten.
3. Crème double mit Mayonnaise und Senf verrühren. Zum Schluß etwas Ananassaft unterziehen.
4. Ananas in Stücke schneiden. Die Orangen schälen, filetieren, die Schnitze halbieren oder dritteln. Die Bananen schälen, zusammen mit dem anderen Obst sofort unter die Cocktailsauce heben.
5. Die Cocktailschalen mit Salatblättern auslegen, den Cocktail darauf verteilen, die gesplitteten Mandeln darüberstreuen.
Beilagenempfehlung: frischen Toast und Butter dazu reichen.

Pro Person etwa 295 kcal;
1235 kJ; 13 g E; 12,5 g F; 31 g Kh

Krabben-Cocktail »SYLT«

(Bild oben)

250 g frische Krabben ohne Schale
oder TK-Krabben
100 ml süße Sahne
150 g Mayonnaise 50 % Fett
2 EL Crème double
1 EL Tomatenketchup
3 cl Cognac
2 EL frischen Orangensaft
1 TL geriebenen Meerrettich
Meersalz
frisch gemahlenen
schwarzen Pfeffer
Petersilie
Kopfsalat

1. Krabben kurz kalt abspülen und in den Kühlschrank stellen. TK-Krabben langsam auftauen.
2. Sahne fest aufschlagen.
3. Mayonnaise mit Crème double, Tomatenketchup, Cognac und Orangensaft gut verrühren, Meerrettich

zugeben und unter die Sahne heben. Mit Salz und Pfeffer abschmecken.

4. Cocktailgläser mit Salatblättern auslegen.

5. Die Sauce über die Krabben geben und gut mischen. Dann auf die Cocktailgläser verteilen. Mit Zitronenscheiben und Petersilie garnieren. Dazu Toastbrot und Butter reichen.

> Pro Person etwa 377 kcal;
> 1578 kJ; 13 g E; 28 g F; 9 g Kh

Blätterteig-Pasteten selbst gemacht

Zutaten für 12 Pasteten
Für die Pasteten-Rezepte in diesem Buch können Sie fertige Pasteten beim Bäcker oder Konditor kaufen oder selber backen. Nachstehend das Rezept dafür.

> *600 g = 2 Packg. IGLO*
> *TK-Blätterteig*
> *2 Eigelb*
> *1 Eiweiß*

> Zubereitung
> 1 ZENKER-Backblech

1. Den Blätterteig aus der Packung nehmen und bei Zimmertemperatur 20 bis 30 Minuten auftauen.

2. Zwei Platten Blätterteig mit Eiweiß zusammenkleben und einmal mit dem Rollholz kurz darüber rollen. Mit scharfen Ausstechern von 7 cm ø und 4,5 cm ø die Ringe ausstechen.

> **TIP**
>
> **Damit die Pasteten einen guten Stand bekommen, aus dreifach gefalteter Melitta-Alufolie Hülsen mit 4,5 cm Ø fertigen, die am Teiginneren gut anliegen müssen.**

3. Die Teigreste für die Böden verwenden. Den Teig etwa 2 mm stark ausrollen und mit dem 7 cm ø Ausstecher runde Böden ausstechen.

4. Die Böden auf ein mit Wasser benetztes Blech auflegen. Die Ringe mit verquirltem Eigelb so bestreichen, daß nichts über den Rand läuft. Die bestrichene Seite jeweils auf die Teigböden legen und leicht andrücken.

5. Damit die Teigböden beim Backen keine Blasen werfen, mit einer Gabel einstechen. Die Oberfläche der aufgelegten Teigringe vorsichtig mit Eigelb bestreichen. Es muß dabei beachtet werden, daß Eigelb nicht an den Seiten herunterläuft, da sonst die Fett- und Teigschichten verkleben und ein gleichmäßiges Hochziehen der Ringe verhindert.

6. Den Blätterteigpasteten nun eine Ruhepause von 15–20 Minuten geben, damit sich der Teig entspannt und während des Backens gleichmäßig treibt.
Für die Pasteten-Deckel ebenfalls Teigreste etwa 3 mm stark ausrollen. Mit einem scharfen Ausstecher 4 cm ø runde Scheiben ausstechen. Die Deckel zu den Pasteten auf das Backblech legen. Mit Eigelb bestreichen. Vor dem Backen 15 Minuten ruhenlassen.

7. Den Backofen auf 230 °C vorheizen. So kann der Blätterteig scharf angebacken werden. Nach 5 Minuten die Hitze auf 210 °C reduzieren. Während der ersten 5 Minuten den Backofen nicht öffnen. Die Pasteten würden zusammenfallen.
Backzeit 10 bis 15 Minuten.
Die Pasteten können eingefroren werden. Nach dem Backen auskühlen lassen. In Melitta Alufolie einschlagen und einfrieren.

> Pro Person etwa (1 Pastete)
> 202 kcal; 855 kJ; 2,5 g E;
> 14 g F; 19 g Kh

Pikante Blätterteig-Röllchen

> *600 g IGLO TK-Blätterteig*
> *40 g BUTARIS Butterschmalz*
> *100 g Rinderhackfleisch*
> *3 Frühlingszwiebeln in Röllchen*
> *geschnitten*
> *2 große Karotten stifteln*
> *1/3 Wirsingkohl in Streifen*
> *Tabasco, Meersalz, weißer Pfeffer*
> *aus der Mühle*
> *1 TL Kümmel*

> Zubereitung
> WMF-Schnellpfanne
> Friteuse

1. Blätterteig in Rechtecke von 15 x 20 cm teilen.

2. Butterschmalz in der Schnellpfanne erhitzen. Das Hackfleisch und die fein geschnittenen Gemüse anbraten. Mit den Gewürzen pikant abschmecken und etwa 5 Minuten scharf braten. Erkalten lassen. Auf die Blätterteig-Rechtecke 2 Eßlöffel Füllung geben, Ränder mit Eiweiß bestreichen, die Enden einschlagen und das Ganze zusammenrollen. In heißem Butterschmalz in der Friteuse ausbacken.

> Pro Person etwa 536 kcal;
> 2252 kJ; 12 g E; 34 g F; 45 g Kh

> **TIP**
>
> **Nach dem Fritieren das Butterschmalz in einem separaten Gefäß im Kühlschrank aufbewahren oder im Fritiertopf belassen und aushärten. Nur wenn das Gerät längere Zeit nicht benutzt wird, empfiehlt sich die erstgenannte Methode.**

Kalbs-Gemüse-Pastete

4–6 Pasteten

300 g Kalbfleisch (Oberschale)
125 ml LACROIX Kalbs-Fond
2 TL Kräutermischung aus Basilikum, Majoran, Rosmarin, Thymian
2 Nelken, 40 g Butter
1/2 Salatgurke
1 kleine Zucchini
100 g Karotten in dünnen Scheiben
6 Perlzwiebeln
10 kleine Champignons
1 g gemahlenen Safran
200 g Crème fraîche
100 g steif geschlagene Sahne
Salz, Pfeffer, Zitronensaft zum Abschmecken
Rosenpaprika zum Bestäuben

Zubereitung
WMF-Schnelltopf 2,7 l
WMF-Schnellpfanne

1. Kalbfleisch in etwa 2 cm große Würfel schneiden, mit Salz und Pfeffer leicht einreiben. Kalbs-Fond mit der Kräutermischung und Nelken im offenen Schnelltopf aufkochen. Kalbfleisch in den gelochten Einsatz geben und mit dem Einsatzsteg über den Fond im Schnellkochtopf stellen. Topf schließen.
GAREN 2. Ring 8 Minuten. Nach dem Garen abkühlen lassen. Den Fond durch ein Sieb gießen.
2. Die Perlzwiebeln schälen und halbieren. Die Champignons sauber putzen und halbieren. Die Salatgurke längs aufschneiden und mit einem Löffel ausschaben. In Scheiben schneiden. Zucchini in gleich dicke Scheiben schneiden.
3. In der Schnellpfanne Butter erhitzen. Zwiebeln, Champignons, Gurken- und Zucchinischeiben mit den Karottenscheiben in der Butter dünsten. Aus der Pfanne herausnehmen und abkühlen lassen.

4. Crème fraîche mit Safran glattrühren. 1–2 EL vom abgekühlten Fond unterrühren und mit Zitronensaft, Salz und Pfeffer abschmecken. Zum Schluß die geschlagene Sahne unterziehen.
5. Kalbfleisch mit dem abgekühlten Gemüse vermischen. Die Crème fraîche-Sauce darauf verteilen und vorsichtig unterheben. In die Pasteten füllen und mit Rosenpaprika bestäuben.

Pro Person etwa 357 kcal;
1493 kJ; 24 g E; 26 g F; 10 g Kh

Krabben-Pastete

260 g Krabben ohne Schale
2 hartgekochte Eier
2 EL Zitronensaft
100 g IGLO Grüne Küche
Junge Erbsen
125 ml LACROIX Gemüse-Fond
10 g Butter
1 Prise Salz
1 Prise Zucker
125 g Mayonnaise 80 % F.
30 g. Crème fraîche
2 cl Cognac
Salz, Pfeffer aus der Mühle
1 Prise Cayennepfeffer
Saft 1 Orange
120 ml steifgeschlagene süße Sahne
100 g Edamer Käse
4 Pasteten (Seite 33) oder fertig gekauft

Zubereitung
WMF-Schnelltopf 2,7 l

1. Krabben kalt überbrausen, abtropfen lassen und mit Zitronensaft 30 Minuten marinieren
2. Gemüse-Fond mit Butter, Salz und Zucker in den Schnelltopf geben und bei offenem Topf erhitzen. Erbsen in den gelochten Einsatz geben und auf dem Steg über den heißen Fond stellen. Topf schließen.
GAREN 2. Ring 3–4 Minuten. Erbsen nach dem Garen abkühlen und abtropfen lassen.
3. Eier in Scheiben schneiden und vierteln. Zusammen mit den Erbsen und Krabben in einer Schüssel locker mischen.
4. Mayonnaise, Crème fraîche, Cognac und Orangensaft miteinander verrühren. Mit den Gewürzen abschmecken. Die geschlagene Sahne unterziehen. Die fertige Cocktailsauce über die Krabbenmischung verteilen und vorsichtig untermischen.
5. Die Pasteten damit füllen. Mit einem Fadenschneider vom Edamer-Käse Fäden abziehen und über die Pasteten in Schlangenform legen.

Pro Person etwa 499 kcal;
2092 kJ; 17 g E; 61 g F; 4 g Kh

TIP

Tiefkühl-Krabben auftauen, mit kaltem Wasser abspülen. Im Sieb abtropfen lassen und trockentupfen.

Oben: Kalbs-Gemüse-Pastete

Unten: Krabben-Pastete

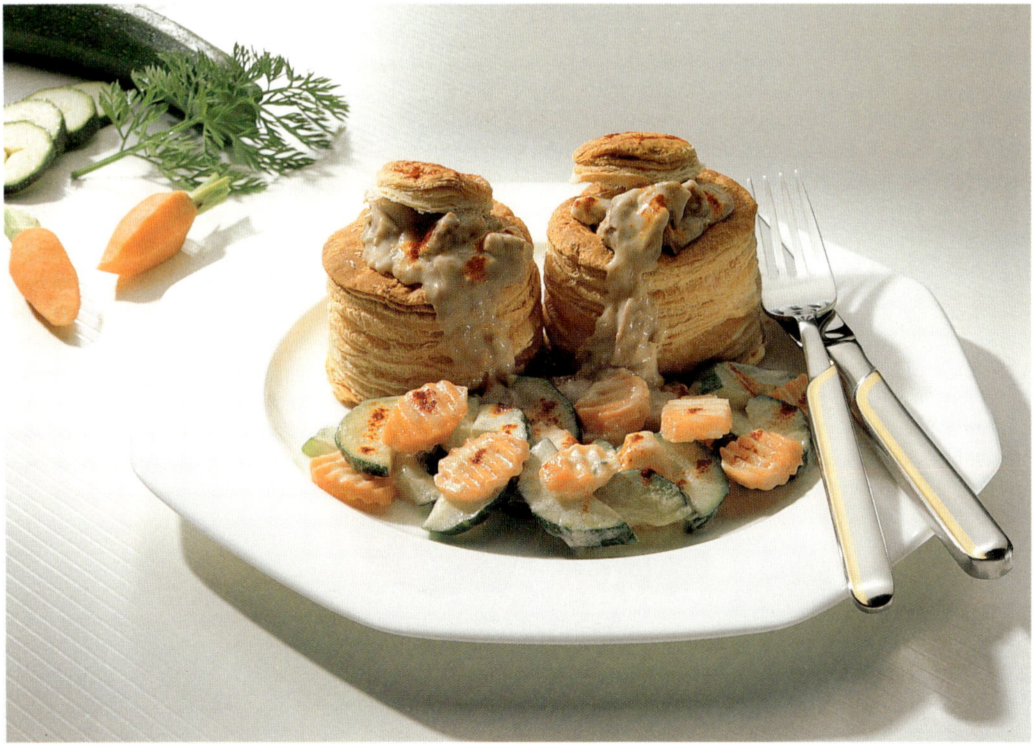

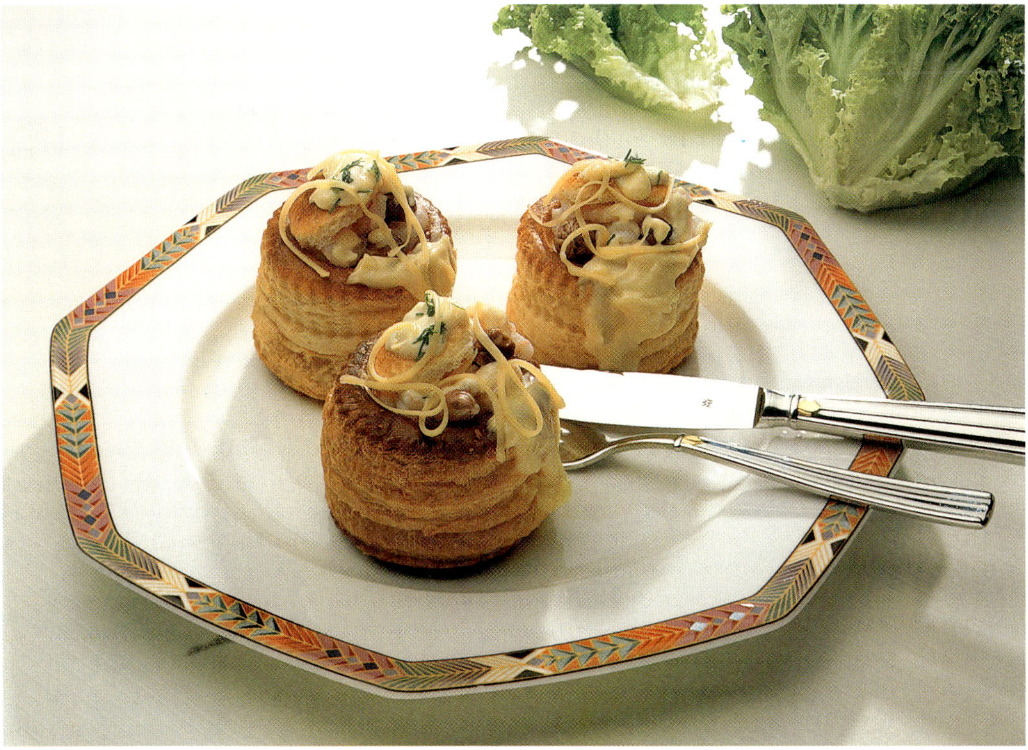

Krabben auf Avocado

250 g Nordsee-Krabben (geschält)
200 g Mayonnaise 50% F.
20 g LACROIX Kräftige Hummer-Paste
1 EL Cognac
1 Prise FUCHS Meersalz
100 ml süße Sahne
2 Avocado
2–3 EL Zitronensaft
1 EL Schnittlauchröllchen

1. Mayonnaise mit Hummer-Paste und Cognac verrühren. Mit Salz abschmecken. Sahne aufschlagen und unter die Mayonnaise heben. Im Kühlschrank zugedeckt etwa 20 Minuten ziehen lassen.
2. Avocados halbieren und entkernen. Mit Zitronensaft beträufeln. Mit Schnittlauchröllchen bestreuen. Krabben darauf verteilen und mit der Mayonnaise-Hummer-Sauce überziehen.

Beilagenempfehlung: Cracker

Pro Person etwa 649 kcal;
2673 kJ; 15 g E; 58 g F; 7 g Kh

Ananas-Krabben-Cocktail

250 g Nordsee-Krabben, geschält
1 Dose Ananasscheiben
1 große Banane
Zitronensaft
150 g Mayonnaise 50% F.
30 g eingelegter gehackter Ingwer
2 cl Cognac
60 ml geschlagene süße Sahne
2–3 Zweige Dill zum Garnieren

1. Ananas in einem Sieb abtropfen lassen. Die Banane schälen und in Scheiben schneiden, mit Zitronensaft beträufeln, damit sie nicht braun werden.

2. Die Mayonnaise mit 2 Eßlöffeln Ananassaft, Cognac und gehacktem Ingwer mischen, geschlagene Sahne unterheben. Auf Dessertschalen verteilen. Ananasscheiben halbieren und rundum am Schalenrand aufstellen. Die Krabben auf die Dessertschalen verteilen, mit Dillzweigen garnieren. Die Bananenscheiben zwischen Krabben und der Ananas einschieben.

Pro Person etwa 416 kcal;
1733 kJ; 13 g E; 33 g F; 27 g Kh

TIP
Tiefkühl-Krabben auftauen, mit kaltem Wasser abspülen. Im Sieb ablaufen lassen, trockentupfen.

Spargel-Cocktail »Grün-Weiß«

250 g Spargel, geschält
250 g grüner Spargel, geschält
300 ml LACROIX Geflügel-Fond
30 g Butter
1 TL (gestrichen) Zucker
1 TL (gestrichen) Meersalz
50 g Mayonnaise
60 g Crème double
1 TL (gehäuft) milder Senf
Saft einer unbehandelten Zitrone
1 Prise Meersalz
1 Prise Zucker
1 EL feingehackten Dill
1 EL feingeschnittene Kresse
100 g Cocktailtomaten
2 hartgekochte Eier
Gew.-Kl. 3

Zubereitung
WMF-Schnelltopf 5,0 l

1. Die Spargelschalen und -abfälle waschen, in den Schnelltopf geben, den Geflügel-Fond zugießen, Topf schließen.
GAREN 2. Ring 10 Minuten auskochen.
Den Topf von der Kochstelle nehmen und kaltes Wasser über den Topf laufen lassen, bis das Kochsignal sich gesenkt hat. Topf öffnen und mit einem Schaumlöffel die Spargelschalen und -abfälle herausnehmen. Butter, Zucker und Salz in den Fond geben. Spargel in 4 cm lange Stücke schneiden. In den gelochten Einsatz legen. Den Einsatz auf dem Einsatzsteg über den Fond stellen. Topf schließen.
GAREN 2. Ring 6–10 Minuten je nach Dicke des Spargels.
2. Die Mayonnaise mit Crème double, Senf, Salz und Zucker zu einer cremigen Sauce rühren. Mit Zitronensaft abschmecken, die Kräuter unterrühren, auf Dessertschalen verteilen. Eier in Achtel-

Stücke schneiden. Die Cocktailtomaten halbieren. Die Spargelstücke abkühlen lassen.
3. Die weißen und grünen Spargelstücke abwechselnd in die Dessertschalen legen und mit den Eiachteln und halben Cocktailtomaten garnieren.

Pro Person etwa 280 kcal;
1167 kJ; 8 g E; 29 g F; 8 g Kh

Oben:
Krabben auf Avocado

Unten:
1 Ananas-Krabben-Cocktail
2 Spargel-Cocktail »Grün-Weiß«

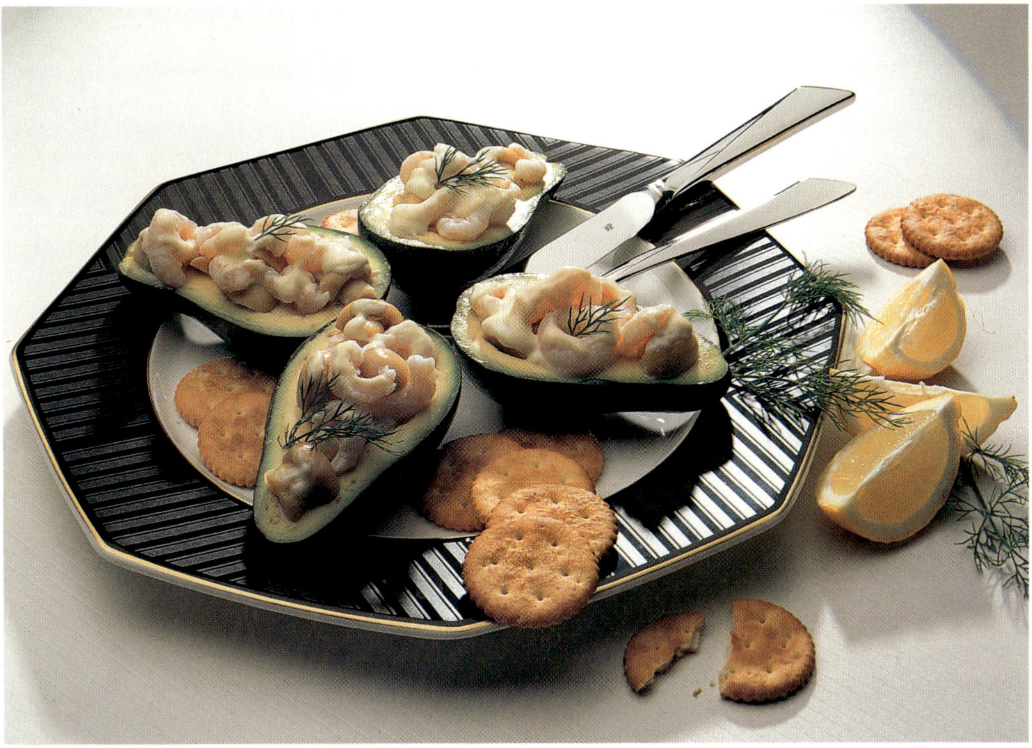

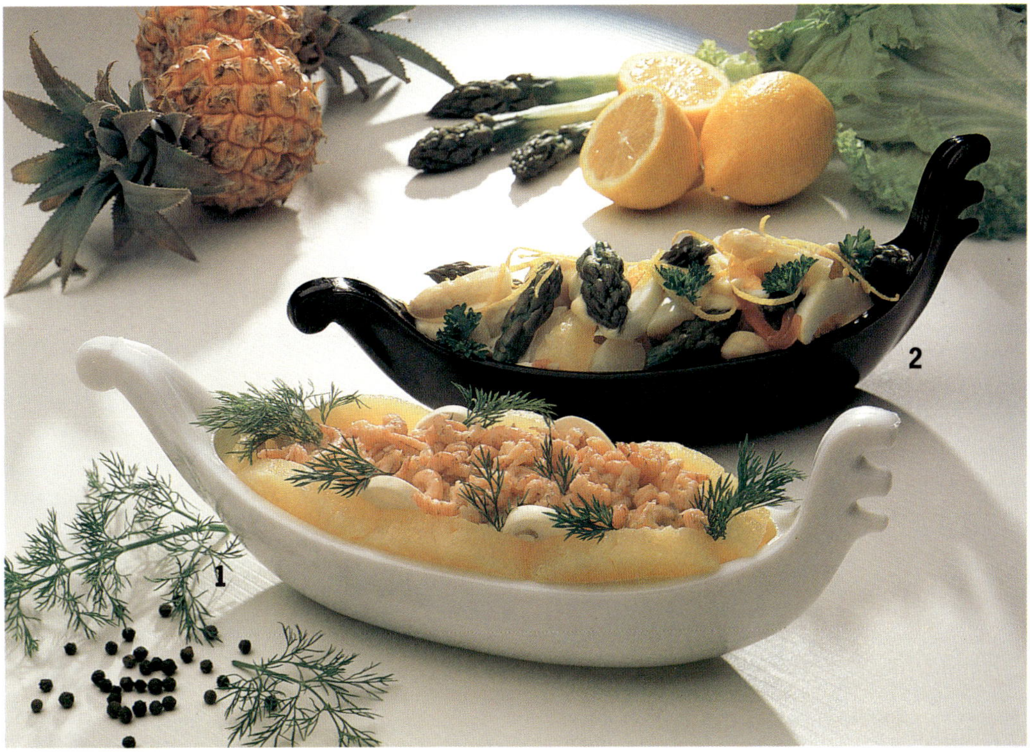
2
1

Matjes auf Ananas-Sauerkraut-Salat

4 Stück Matjesfilets
1 Dose Ananasstücke
300 g Sauerkraut
1 Dose Kürbisstücke
100 g Mayonnaise 50% F.
60 g Crème fraîche
1 EL Zucker
1 TL milder Senf
2 EL Ananassaft
frisch gemahlener weißer Pfeffer

1. Matjesfilets 1 Stunde in Milch einlegen. Kalt abspülen und in mundgerechte Stücke schneiden.
2. Ananasstücke in einem Sieb ablaufen lassen, ebenso getrennt die Kürbisstücke.
3. Sauerkraut in einem Sieb kalt überspülen, abtropfen lassen, ausdrücken und auf einem Holzbrett mit einem Messer grob schneiden.
4. Für die Salatsauce Mayonnaise mit Crème fraîche, Ananassaft, Senf und Zucker gut verrühren. Zum Abschluß mit frisch gemahlenem weißen Pfeffer abschmecken.
5. Matjesfilets-Stücke mit dem Sauerkraut, Ananas- und Kürbisstücken mischen und unter die Salatsauce heben.
Am besten schmeckt der fertige Ananas-Sauerkraut-Salat, wenn er vor dem Servieren abgedeckt eine gute Stunde im Kühlschrank gestanden hat.
Beilagenempfehlung: Schwarzbrot, Roggenvollkorn-Brot oder Pumpernickel mit Butter.

Pro Person etwa 516 kcal;
21 532 kJ; 15 g E; 34 g F; 32 g Kh

Sauerkraut-Ananas-Salat auf Toast

250 g frisches Sauerkraut
1 Apfel (Boskop)
3 EL Ananasstücke a. d. Dose
1/2 mittelgroße Zwiebel
Zitronensaft
1 TL Zucker
FUCHS Meersalz + weißer Pfeffer
40 g Butter
2–3 TL FUCHS Butterlight mit Petersilie und Schnittlauch
4 Scheiben Toastbrot
4 Fleischtomaten
4 Scheiben Edamer Käse

1. Sauerkraut auf einem Sieb mit kaltem Wasser kurz abspülen und abtropfen lasen. Ananasstücke zum Abtropfen in ein Sieb geben.
2. Apfel schälen und raspeln. Zitronensaft unterrühren, damit der Apfel nicht braun wird. Zwiebel in kleine Würfel schneiden.
3. Sauerkraut auf einem Holzbrett grob schneiden. Die Ananasstücke, den geraspelten Apfel und Zwiebelwürfel mit dem Sauerkraut vermischen, mit Salz, Pfeffer und Zucker abschmecken. Abgedeckt etwa 1/2 Stunde durchziehen lassen.
4. Die Scheiben Toastbrot toasten. Butter mit Butterlight abschmecken. Die Scheiben Toastbrot damit bestreichen. Die Tomaten in nicht zu dünne Scheiben schneiden. Toastbrot damit belegen. Darauf je eine Scheibe Edamer anrichten.
5. Den Sauerkraut-Ananas-Salat noch mal abschmecken und evtl. nachwürzen. Dann den Salat auf die vorbereiteten Toastscheiben verteilen. Mit grünen Oliven und Petersilienblättchen garnieren.

Pro Person etwa 458 kcal;
1916 kJ; 21 g E; 23 g F; 37 g Kh

Spargel-Cocktail
(für 6 Personen)

300 g Spargelspitzen a. Dose o. Glas
300 g Gänsebrust, gekocht, enthäutet und in kleine Würfel geschnitten
150 g Ananasstücke a. Dose
4 Eier, Gew.-Kl. 3, hart gekocht und in Scheiben geschnitten
100 g Mayonnaise 80% F.
60 g Crème fraîche
1–2 TL mittelscharfer Senf
1–2 Prisen Cayennepfeffer
1 EL Zitronensaft

1. Spargelspitzen und Ananasstücke auf einem Sieb ablaufen lassen.
2. Spargelspitzen und Gänsebrustwürfel auf Salatblätter in Glasschalen portionsweise anrichten. Die Mayonnaise mit Crème fraîche glattrühren und mit Senf, Cayennepfeffer und Zitronensaft abschmecken. Mit Eischeiben und Spargelspitzen garnieren.
Beilagenempfehlung: Toastbrot und Butter.

Pro Person etwa 286 kcal;
1202 kJ; 14 g E; 37 g F; 8 g Kh

TIP

Vitaminreich und frisch! Gemüse steckt voller Vitamine und Mineralstoffe. Schon eine Portion Sauerkraut deckt den Tagesbedarf an Vitamin »C«. Gemüse nicht länger als nötig kochen. Der richtige Weg, im SCHNELLTOPF garen.

Oben: Matjes auf Ananas-Sauerkraut-Salat

Unten: Sauerkraut-Ananas-Salat auf Toast

Die Springform mit Blätterteig auskleiden

Die Broccolimischung in die Springform füllen und glattstreichen

Tomatenwürfel darauf verteilen und den geriebenen Käse aufstreuen

Broccoli-Sbrinz-Torte

(für 10 Personen)

1200 g frischer Broccoli oder
3 Packg. IGLO Grüne Küche Broccoli à 300 g
600 g= 2 Packg. IGLO Blätterteig
150 g Rinderschinken
250 g Fleischtomaten
40 g BUTARIS Butterschmalz
125 ml LACROIX Gemüse-Fond
3 Eigelb Gew.-Kl. 3
150 g Crème double
FUCHS Cayenne Pfeffer gemahlen
schwarzer Pfeffer aus der Mühle
Salz
frisch geriebene Muskatnuß
2 cl Madeira (trocken)
$^{1}/_{2}$ Zitrone (Saft + abgeriebenes)
250 g geriebener Sbrinz
1 Eigelb zum Bestreichen

> Zubereitung
> WMF-Schnelltopf 3,0 l o. 5,0 l
> Springform 26 cm ø

1. Broccoli waschen, putzen und in kleine Röschen teilen. Strunk schälen und in Scheiben schneiden. Den Schinken würfeln. Die Fleischtomaten kurz in kochendes Wasser tauchen, Haut abziehen und das Fruchtfleisch in kleine Würfel schneiden. Beiseite stellen.
2. Butterschmalz im Schnelltopf erhitzen, den Gemüse-Fond zugießen. Broccoli (TK-Broccoli unaufgetaut) zugeben. Topf schließen.
GAREN 2. Ring 7–8 Minuten.
Nach dem Garen und abdampfen, den Broccoli in ein Sieb zum Abtropfen geben. (TK-Broccoli in kleine Röschen teilen, Strunk in Scheiben schneiden.) Abkühlen lassen.
3. Broccoli in eine ausreichend große Schüssel geben. Eigelb unter die Crème double rühren, mit den Gewürzen, Madeira und Zitronensaft abschmecken und den Broccoli zugeben.
4. Blätterteig 4 mm dick ausrollen. Die Springform damit auskleiden,

Aus Blätterteigstreifen ein Gitter über die Füllung legen, mit verquirltem Eigelb bestreichen

am Rand den Teig 6 cm hochziehen. Den Broccoli gleichmäßig verteilen. Glattstreichen, die Tomatenwürfel darauf verteilen. Zuletzt den Sbrinz gleichmäßig aufstreuen. Aus den Blätterteigresten Streifen schneiden und damit auf die Torte ein Gitter legen. Das Gitter mit verquirltem Eigelb bestreichen.

5. Die Torte 10 bis 15 Minuten stehen lassen. Erst dann in dem auf 220 °C vorgeheizten Backofen 15 bis 20 Minuten backen (Heißluft 200 °C). *Anmerkung:* Wird diese Vorspeise für weniger Personen gebraucht, kann der Rest in Toppits Gefrierbeutel oder Gefrierdosen eingefroren werden. Für den Verzehr

die Resttorte unaufgetaut im 150 °C vorgewärmten Ofen aufbacken.

Pro Person etwa 483 kcal; 2028 kJ; 20 g E; 31 g F; 25 g Kh

Die gebackene Torte im Anschnitt

Beilagenempfehlung: LACROIX
Geflügelleber Paté, getrüffelt.

Pro Person etwa 366 kcal;
1537 kJ; 15 g E; 30 g F; 17 g Kh

Gefüllte Tomaten »Mozzarella«

4 feste Tomaten je ca. 150 g
100 g Crème double
200 g Mozzarella
1 Schalotte
6 schwarze entkernte Oliven
2-3 EL Olivenöl, kaltgepreßt
FUCHS Knoblauch-Pfeffer-Würzer
Meersalz
1 EL gehackte frische
Basilikumblätter
25 g SCHWARTAU Pistazien,
gehackt

1. Von den Tomaten einen Deckel abschneiden und mit einem Teelöffel aushöhlen. Die Deckel in feine kleine Stückchen schneiden. Schalotte schälen und ebenfalls sehr fein hacken. Mozzarella und die Oliven in kleine Stücke schneiden. Alles zusammen mit den Tomatenstückchen mit Olivenöl vermischen und unter die Crème double rühren. Mit den Gewürzen abschmecken. Zum Schluß die gehackten Basilikumblätter unterziehen.
2. Die fertige Mozzarella-Crème in die Tomaten füllen. Mit einem Teelöffel kleine runde Nocken jeweils auf die Öffnungen der Tomaten setzen. Mit den Pistazien bestreuen.

Pro Person etwa 498 kcal;
2087 kJ; 19 g E; 39 g F; 5 g Kh

Fasanen-Cocktail

2 Fasanenbrüstchen à 150 g
40 g Butter
300 g IGLO Grüne Küche
Junge Erbsen
20 g Butter
125 ml LACROIX Gemüse-Fond
1 Prise Zucker, 1 Prise Salz
1 kleine Dose Mandarin-Orangen
2 große Fleischtomaten
200 g Crème fraîche
100 g Mayonnaise
frisch gemahlenen weißen Pfeffer
Salz
frische Salatblätter
IGLO Grüne Küche Petersilie

Zubereitung Fasanenbrüstchen
WMF-Schnellpfanne

1. Fasanenbrüstchen von Sehnen und Häuten befreien. Das Fleisch mit einem scharfen Messer in bleistiftstarke Streifen schneiden.
2. In der Schnellpfanne 40 g Butter erhitzen und das Geschnetzelte unter mehrmaligem Wenden 2–3 Minuten braun sautieren. Sofort aus der Pfanne nehmen und abkühlen lassen.

Zubereitung Erbsen
WMF-Schnelltopf 2,7 l o. 3,0 l

1. Erbsen unaufgetaut in den ungelochten Einsatz mit der Butter geben. Mit Salz und Zucker würzen. Gemüse-Fond erhitzen und angießen. Den Einsatz über Wasser in den Schnelltopf setzen. Topf schließen.
GAREN 2. Ring 4 Minuten. Abkühlen lassen.
2. Fleischtomaten kurz in kochendes Wasser tauchen, die Haut abziehen und das Fruchtfleisch in Würfel schneiden. Die Mandarin-Orangen in ein Sieb zum Abtropfen geben.
3. Crème fraîche löffelweise unter die Mayonnaise ziehen. Mit Saft der Mandarin-Orangen, Salz und Pfeffer abschmecken.
4. Das Geschnetzelte, Erbsen und Mandarin-Orangenschnitze in eine Schüssel geben. Die Cocktailsauce darüber verteilen und vorsichtig alles miteinander mischen.
5. Cocktailschalen mit Salatblättern auslegen und den fertigen Fasanen-Cocktail darin verteilen. Mit etwas gehackter Petersilie bestreuen. Frischen Toast dazu reichen.

Links oben: Fasanen-Cocktail
Rechts: Gefüllte Tomaten
»Mozzarella«

Gemüsepudding

2 Pckg. IGLO TK-Junges Sommergemüse
125 ml LACROIX Kalbs-Fond
250 ml Vollmilch
4 Eier Gew.-Kl. 3
300 g Vollmilch-Joghurt
4 EL leicht gehäuft Crème fraîche
1–2 Knoblauchzehen
2 Pckg. IGLO TK-8-Kräuter
1 Pckg. IGLO TK-Schnittlauch
1 Pckg. IGLO TK-Basilikum
30–40 g Pflanzenöl, z. B. Biskin
Muskatnuß, gerieben
FUCHS Meersalz, Cayennepfeffer
weißer Pfeffer, frisch gemahlen

Zubereitung
WMF-Schnelltopf 2,7 l o. 3,0

1. Junges Sommergemüse in den ungelochten Einsatz unaufgetaut geben. Heißen Kalbs-Fond angießen. Den Einsatz über Wasser in den Schnelltopf setzen. Topf schließen. GAREN 2. Ring 4–5 Minuten. Das Gemüse auf einem Sieb abtropfen lassen.
2. Milch mit Eier verquirlen, mit Salz, Pfeffer und Muskat abschmecken. Sommergemüse in die Eiermilch geben. In kleine feuerfeste, gefettete Formen füllen (z. B. kleine Soufflé-Förmchen oder Kaffeetassen) und im auf 180 °C vorgeheizten Backofen 10 Minuten stocken lassen.
3. Aus Joghurt, Crème fraîche, zerdrückten Knoblauchzehen und den Kräutern eine Sauce bereiten. Mit Salz und Gewürzen abschmecken. Mit der Kräutersauce auf flachen Tellern Spiegel gießen und den gestürzten Gemüsepudding darauf anrichten.

Pro Person etwa 315 kcal;
1323 kJ; 17 g E; 19 g F; 19 g Kh

TIP

Weniger ist mehr! Der Eigengeschmack feiner Gemüse kommt besser zur Geltung, wenn nur wenig Salz verwendet wird. Einer Beigabe von Kräutern stets fein geschnittene Schnittlauchröllchen unter die Kräuter mischen.

Den blanchierten Wirsing in der Küchenmaschine raspeln

Auf die 25 x 30 cm groß ausgerollte Teigplatte die Wirsingmischung in der Mitte verteilen

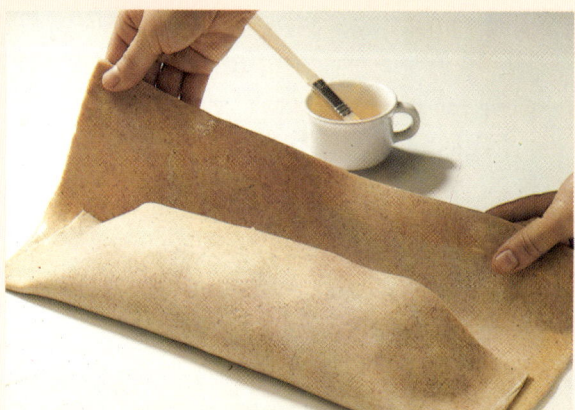

Die an den Rändern mit verquirltem Eigelb bestrichene Blätterteigplatte über die Wirsingmischung schlagen, die Enden fest verschließen

Wirsing-Maronen-Strudel

(für 10 Personen)

400 g Maronen
800 g Wirsing (Einkauf 1100 g)
600 g = 2 Packg. IGLO Blätterteig
30 g Butter
10 g Zucker
125 ml Mineralwasser
40 g Gänseschmalz
125 ml LACROIX Kalbs-Fond
60 g Crème fraîche
1 Prise FUCHS Meersalz
frisch geriebene Muskatnuß
frisch gemahlener schwarzer Pfeffer
1 Eigelb Gew.-Kl. 3
50 ml süße Sahne

Zubereitung Maronen
WMF-Schnellpfanne

1. Die Maronen auf der gewölbten Seite kreuzweise einschneiden. Auf einem mit Wasser bespritzten Blech etwa 15 Minuten im Backofen rösten, bis sich die Schalen öffnen und die Maronen sich schälen lassen. Das unter der Schale liegende haarige Häutchen abziehen.
2. In der Schnellpfanne Butter erhitzen, Zucker goldgelb schmelzen, mit Mineralwasser aufgießen.
Die Maronen zugeben. Pfanne schließen.
GAREN 2. Ring 8 Minuten.
Nach dem Garen Wasser abgießen, die Maronen abkühlen und kleinhacken. Beiseite stellen.

Zubereitung Wirsing
WMF-Schnelltopf 3,0 l o. 5,0 l

1. Wirsing putzen, vierteln und 2 Minuten blanchieren, in Eiswasser abschrecken. In der Küchenmaschine grob raspeln.
2. Gänseschmalz und Kalbs-Fond in den Schnelltopf geben und darauf den geraspelten Wirsing. Topf schließen.
GAREN 2. Ring 6–7 Minuten.

**Teigstreifen über den Strudel legen,
den Strudel mit Eigelb bestreichen**

3. Crème fraîche und die gehackten Maronen unter den Wirsing mischen und mit den Gewürzen abschmecken.
4. Den Blätterteig zu einer Fläche von 25 x 30 cm ausrollen. Die abgekühlte Wirsingmischung in der Mitte gleichmäßig verteilen. Das Eigelb mit der Sahne verquirlen und damit die Teigränder bestreichen. Die Teigränder von beiden Seiten über die Füllung schlagen, so daß der Strudel fest verschlossen ist. Den Strudel mit dem Schluß nach unten auf ein mit Wasser benetztes Backblech legen. Mit ausgeradelten Blätterteigstreifen verzieren und den ganzen Strudel mit Eigelb bestreichen. Zuletzt mit einer Gabel Luftlöcher einstechen. 15 Minuten liegen lassen. Den Backofen auf 220°C vorheizen (Heißluft 200°C einstellen).
Den Strudel goldbraun backen. Backzeit etwa 20 Minuten.
Beilagenempfehlung: Schwarzwälder Schinken.

Anmerkung: Wird diese Vorspeise für weniger Personen gebraucht, kann der Rest in Toppits Gefrierbeutel eingefroren werden. Für den Verzehr den Strudel unaufgetaut im auf 150°C vorgewärmten Ofen aufbacken.

Pro Person etwa 437 kcal; 1838 kJ; 7 g E; 25 g F; 44 g Kh

Roastbeef-Röllchen »Forstmeister«

400 g Roastbeef
FUCHS-Meersalz,
schwarzer Pfeffer aus der Mühle
30 g Sonnenblumen-Öl
200 ml LACROIX Rinder-Fond
4 Eier Gew.-Kl. 3, hartgekocht
100 g Pfifferlinge aus der Dose
50 g SCHWARTAU Haselnüsse
gehobelt
200 g Mayonnaise 80% F.
1 EL Zitronensaft
reichlich IGLO TK-Salatkräuter
Meersalz, frischer weißer Pfeffer

Zubereitung
WMF-Schnelltopf 2,7 l

1. Roastbeef unter Wasser kurz abspülen und trockentupfen. Die Fettschicht mit einem Messer einschneiden und mit Salz und Pfeffer einreiben.

2. Öl im Schnelltopf erhitzen und Roastbeef rundherum goldbraun anbraten. Inzwischen den Rinder-Fond erhitzen. Roastbeef nach dem Anbraten in den gelochten Einsatz legen. Den heißen Fond in den Schnelltopf gießen und den Einsatz mit dem Roastbeef auf dem Steg über den Fond in den Topf stellen. Topf schließen.
GAREN 2. Ring 12–15 Minuten. Roastbeef nach dem Garen herausnehmen und mindestens 15 Minuten liegen lassen. Erst dann aufschneiden.

3. Die gehobelten Haselnüsse mit etwas Butter goldgelb anrösten. Pfifferlinge im Sieb abtropfen lassen und in kleine Stücke schneiden. Die Eier abpellen. 2 Eier halbieren und 2 Eier in kleine Würfel schneiden.

4. Die Mayonnaise mit Zitronensaft, Salz und Pfeffer abschmecken, reichlich aufgetaute Salatkräuter untermischen. Für die Garnitur etwas Mayonnaise abnehmen. Die gewürfelten Eier und Pfifferlinge in die Mayonnaise einrühren. Die angerösteten Haselnüsse zugeben. Auf die Roastbeefscheiben verteilen und einrollen. Die Roastbeef-Röllchen auf Dessertteller anrichten. Mit Mayonnaise einen Zopf auf jedes Röllchen aufdressieren. Je eine mit Salatkräuter bestreute Eihälfte und eine gefächerte Gewürzgurke und Cracker dazu anrichten.

Pro Person etwa 839 kcal;
3509 kJ; 31 g E; 72 g F; 4 g Kh

TIP
Pfifferlinge können gegen in Scheiben geschnittene Champignons ausgetauscht werden.

Roastbeef-Röllchen mit Spargelköpfen auf Salatbett

600 g Roastbeef
Meersalz, frisch gemahlenen
schwarzer Pfeffer,
Paprika edelsüß
40 g BUTARIS Butterschmalz
250 ml LACROIX Gemüse-Fond
150 g Doppelrahmkäse
2 TL (gehäuft) geriebener
Meerrettich, frisch oder
aus dem Glas
30 g Crème fraîche
2 cl Cognac
40 g Mayonnaise 50% F.
12 Stück Spargelköpfe a. d. Ds.
1 Kopfsalat, Fleischtomaten
und Petersilie zum Anrichten

Zubereitung
WMF-Schnelltopf 3,0 l o. 5,0 l

1. Roastbeef unter Wasser kurz abspülen und trockentupfen. Die Fettschicht mit einem Messer einschneiden und mit Salz, Pfeffer, Paprika und Senf einstreichen.
2. Butterschmalz im Schnelltopf erhitzen und Roastbeef rundherum goldgelb anbraten. Inzwischen den Gemüse-Fond erhitzen und nach dem Anbraten das Roastbeef in den gelochten Einsatz legen. Den heißen Fond in den Schnelltopf gießen und den Einsatz mit dem Roastbeef auf dem Steg über den Fond in den Topf stellen. Topf schließen. GAREN 2. Ring 15–18 Minuten. Roastbeef nach dem Garen herausnehmen und gut 15 Minuten liegen lassen. Erst dann aufschneiden.
3. Spargelköpfe in einem Sieb abtropfen lassen.

4. Doppelrahmkäse mit Crème fraîche, Mayonnaise und Cognac glattrühren. Den Meerrettich unterziehen. Abschmecken. Wer es mag, kann noch Meerrettich nachgeben.
5. Die Roastbeefscheiben mit der Meerrettich-Crème gut bestreichen, Spargelköpfe so auflegen, daß sie 2 bis 3 cm nach dem Aufrollen aus den Roastbeef-Röllchen herausragen.
6. Dessertteller mit Salatblättern belegen. Roastbeef-Röllchen darauf anrichten, mit Tomatenachteln und Petersilienblättern garnieren.

Beilagenempfehlung: geröstete Toastbrotscheiben und Butter.

Pro Person etwa 622 kcal; 2604 kJ; 38 g E; 45 g F; 6 g Kh

Pro Person etwa mit **Sauce I**
145 kcal; 606 kJ; 8 g E; 6 g F;
8 g Kh
Pro Person etwa mit **Sauce II**
189 kcal; 788 kJ; 8 g E; 15 g F;
69 g Kh

Gefüllte Eier mit Lachsschinken-Salat

4 Eier Gew.-Kl. 3
300 g Sahnequark
40 g Crème fraîche
200 g Lachsschinken
Salz, weißen Pfeffer
Schnittlauchröllchen
Salatblätter

1. Eier 8–10 Minuten hart kochen,
abschrecken, pellen und halbieren.
2. Lachsschinken in kleine Würfel
schneiden.
3. Sahnequark mit Crème fraîche
glatt rühren, mit Salz und frisch
gemahlenem weißen Pfeffer abschmecken. Lachsschinken-Würfel
unterheben.
4. Salatblätter auf Dessertteller
legen und darauf die Eihälften
anrichten. Mit einem Eßlöffel den
Lachsschinken-Salat auf die Eihälften verteilen. Mit Schnittlauchröllchen garnieren.
Beilagenempfehlung: Knäckebrot

Pro Person etwa 320 kcal;
1337 kJ; 24 g E; 21 g F; 7 g Kh

Eischeiben auf Feldsalat

250 g Feldsalat
1 Bund Radieschen
3 hartgekochte Eier Gew.-Kl. 3

Für die Salatsauce (Sie können
zwischen 2 Saucen wählen)
Salatsauce I
Saft einer halben Zitrone
1 Prise Zucker
130 g Sahnejoghurt
1 EL Cognac oder Weinbrand
Salz, frisch gemahlenen
weißen Pfeffer
1 TL grob gemahlenen
schwarzen Pfeffer
Salatsauce II
1 EL Zitronensaft
1 EL Estragon-Essig
1 EL Weinbrand
1 Prise Zucker
1 gestrichenen TL FUCHS
Zwiebelsalz
frisch gemahlenen weißen Pfeffer

2–3 EL Walnußöl
1 TL grob gemahlenen
schwarzen Pfeffer

1. Feldsalat putzen, Wurzeln knapp
abschneiden, welke und schlechte
Blättchen entfernen, waschen und
abtropfen lassen.
Radieschen putzen, waschen und in
Scheiben schneiden. Eier pellen und
in Scheiben schneiden.
2. Sauce I
Alle Zutaten mit dem Schneebesen
verrühren. Mit Salz und Pfeffer abschmecken.
3. Sauce II
Zitronensaft mit Essig, Weinbrand
und Zucker und Zwiebelsalz verrühren. Zum Schluß das Walnußöl
einrühren. Mit Pfeffer abschmecken.
4. Den Salat in eine Schüssel geben und mit einer der Salatsaucen
mischen. Auf Salattellern anrichten,
mit Radieschenscheiben garnieren.
Die Eischeiben auf dem Salat verteilen und sie mit dem grob gemahlenen Pfeffer bestreuen.

Links oben: Eischeiben auf
Feldsalat

Rechts oben: Gefüllte Eier mit
Lachsschinken-Salat

Fischers Bohnensalat

1 Pckg. IGLO TK-Junge Brechbohnen
125 ml LACROIX Gemüse-Fond
8 kleine Kartoffeln, vorwiegend
fest kochend
4 Matjesfilets
1 rote Zwiebel
1 EL Rotwein (trocken)
2 EL Balsam- oder Rotweinessig
3 EL Pflanzenöl z. B. Livio
1 Pckg. IGLO TK-Salatkräuter
2 TL Zucker
FUCHS Meersalz, weißer Pfeffer

Zubereitung
WMF-Schnelltopf 2,7 l o. 3,0 l

1. Brechbohnen in den ungelochten Einsatz unaufgetaut geben. Heißen Gemüse-Fond angießen. Den Einsatz über Wasser in den Schnelltopf setzen. Topf schließen.
GAREN 2. Ring 4–5 Minuten.
Die Bohnen mit kaltem Wasser abschrecken und abtropfen lassen.
2. Rotwein, Essig, Öl, Salatkräuter und Zucker zu einem Dressing verrühren, mit Salz und Pfeffer abschmecken.
3. Matjesfilets abspülen, trockentupfen, in kleine Streifen schneiden und in das Dressing geben. Die Bohnen dazugeben und eine Stunde ziehen lassen.
4. Kartoffeln waschen und in den gelochten Einsatz geben. Mit Salz bestreuen. Über das Wasser in den Schnelltopf stellen. Topf schließen.
GAREN 2. Ring 4–5 Minuten. Topf von der Kochstelle herunternehmen. Erst öffnen, wenn das Kochsignal ganz im Griff verschwunden ist.

Beim Schnellabdampfen würden die Kartoffeln platzen.
5. Pellkartoffeln abpellen. Den Bohnensalat auf Salatteller anrichten, mit den kleinen Kartoffeln und Zwiebelringen anrichten.

Pro Person etwa 731 kcal;
3070 kJ; 32 g E; 51 g F; 36 g Kh

Spargel-Crêpes

*Zutaten für **Crêpes***
100 g Weizenmehl Type 405
150 ml Vollmilch
3 Eier Gew.-Kl. 3
1 Msp. Salz
50 g Butter
100 ml Wasser

1. Mehl sieben und mit den Eiern, Salz und Milch glattrühren. Die erwärmte Butter zugeben und zuletzt das Wasser. Alles zu einer glatten Masse rühren.
2. Die fertige Crêpesmasse zugedeckt 1 Stunde ruhenlassen, damit das Mehl richtig ausquellt. Da es sich am Boden absetzt, die Masse vor dem Backen durchrühren und das während des Backvorganges mehrmals wiederholen.
3. Zum Backen eine leicht ausgebutterte Pfanne (12–15 cm ø)

verwenden. Mit einem nicht zu großen Schöpflöffel die dünnflüssige Crêpesmasse in die heiße Pfanne geben und diese schräg halten, damit die Masse auf allen Seiten zum Rand laufen und sich gleichmäßig hauchdünn verteilen kann. Nach kurzer Zeit den Crêpe mit einer Palette wenden und so auf jeder Seite backen.
4. Die gebackenen Crêpes übereinander schichten und im mäßig heißen Backofen zwischen 2 Tellern warmhalten, bis der letzte Crêpe aus der Pfanne kommt.

*Zutaten für **Spargel***
1 kg Spargel (geschält)
250 ml LACROIX Kalbs-Fond
1 TL Zucker
1 Msp. Salz
10 g Butter
Kopfsalatblätter
Petersilie

Zubereitung
WMF-Schnelltopf 3,0 l mit gelochtem Einsatz

1. In den Schnelltopf den Kalbs-Fond geben. Zucker, Salz und Butter zugeben. Den Spargel in den gelochten Einsatz legen und über den Fond stellen.
GAREN 2. Ring 6–10 Minuten je nach Dicke des Spargels.
2. Den gegarten Spargel jeweils portionsweise auf einen Crêpe legen. Crêpe wie eine Spitztüte aufrollen. Auf Teller Salatblätter legen, darauf die Crêpes. Mit Butterrollen und Petersilie garnieren.

Pro Person etwa 367 kcal; 1534 kJ; 15 g E; 19 g F; 21 g Kh

Fritierte Käsekugeln auf Birnen

(hierfür ist eine Friteuse erforderlich)
(Bild Seite 51)

5–6 Birnen
150 g Quark 20% F.
150 g Camembert, gut gereift
20 g weiche Butter
30 ml Cointreau
1 Btl. SCHWARTAU Orange-Back
Salz, frischen weißen Pfeffer
120 g Instantmehl
1 TL (gestrichen) Backpulver
2 Eier Gew.-Kl. 3
80 g KÖLLN Instant-Flocken
BUTARIS Butterschmalz, entsprechend der Fettfüllmenge der Friteuse

1. Camembert glattrühren und mit dem Quark und Butter gut vermischen. Cointreau und Orange-back unter die Käsemasse rühren, mit Salz und Pfeffer abschmecken. Backpulver unter das Mehl mischen, zur Käsemasse geben und einen Teig kneten. Etwas ruhenlassen.
2. Eier aufschlagen. KÖLLN Instant-Flocken bereitstellen.
3. Mit leicht angefeuchteten Händen 10–12 Kugeln (Klöße) formen, im aufgeschlagenen Ei wälzen und mit KÖLLN Instant-Flocken panieren. Panade etwas andrücken.
4. Butterschmalz in der Friteuse auf 170 °C aufheizen. Die Kugeln goldgelb darin fritieren. Auf Küchenkrepp abtropfen lassen.
5. Birnen ungeschält halbieren, den Stiel nicht entfernen, Kerngehäuse herausschneiden. Die abgekühlten Kugeln einsetzen.

Pro Person etwa 384 kcal;
1605 kJ; 10 g E; 19 g F; 46 g Kh

Hühnerbrustfilets mit Pastasalat

200 g grüne Bandnudeln
300 g Hühnerbrustfilets
50 g BUTARIS Butterschmalz

1 Mango
200 ml Joghurt-Salat-Crème
Saft 1 Zitrone
Meersalz
weißer Pfeffer frisch gemahlen
2 EL (gehäuft) geröstete
Sesamkörner
2 Chicorée
Schnittlauchröllchen zum Garnieren

Zubereitung
WMF-Schnelltopf 2,7 l
+ Schnellpfanne

1. Die Bandnudeln trocken in den ungelochten Einsatz geben, mit kaltem Wasser bedecken, mit Meersalz salzen und den Einsatz in den Schnelltopf über Wasser (250 ml) stellen. Topf schließen.
GAREN 2. Ring 4–5 Minuten.
Topf nach dem Garen mit kaltem Wasser sofort abdampfen. Bandnudeln aus dem Topf herausnehmen, kalt abschrecken und abtropfen lassen.
2. Die Hühnerbrustfilets im Schnelltopf mit heißem Butterschmalz goldbraun braten. Die erkalteten Hühnerbrüstchen quer halbieren und mit einem scharfen Messer in schmale Streifen schneiden. Die Mango schälen und das Fruchtfleisch in 1 cm dicken Streifen vom Stein abtrennen. Die großen Scheiben in Streifen schneiden, den Rest kleinschneiden und mit Joghurt-Salat-Crème und Zitronensaft pürieren. Mit Salz und Pfeffer abschmecken und die Hälfte der Sesamkörner untermischen. Chicorée in einzelne Blätter teilen, waschen und auf 4 Teller je einen halben Stern legen. Die Bandnudeln mit 2/3 des Hühnerfleisches und der Sauce vermischen und auf die Teller verteilen. Mango- und Hühnerbruststreifen darauf anrichten, mit dem restlichen Sesam bestreuen und mit Schnittlauchröllchen garnieren.

Pro Person etwa 600 kcal;
2516 kJ; 16 g E; 35 g F; 48 g Kh

Tataren-Rinderfilet

400 g gut abgehangenes
Rindfleisch (Oberschale oder
entsehntes Rinderfilet)
2 EL (gestrichen) FUCHS
Zitronen-Pfeffer
1 TL Meersalz
1 EL Zitronensaft
6 EL kaltgepreßtes Olivenöl
80 g frisch geriebenen
Parmesan

1. Das Rindfleisch für gut 20 Minuten in das Tiefkühlfach oder Gefrierschrank legen. Nur dann kann man das Fleisch hauchdünn aufschneiden.
2. 4 Teller kühl stellen.
3. Das Fleisch aus der »Kälte« holen und mit einem scharfen Messer hauchdünne Scheiben schneiden. Gelingt es nicht ganz so, dann die Fleischscheiben flach nebeneinander in einen MELITTA 3-l-Gefrierbeutel legen und mit einem Fleischklopfer (platte Seite) vorsichtig flachklopfen.
4. Die Fleischscheiben auf den gut gekühlten Tellern kreisförmig leicht überlappend anrichten. Mit Zitronen-Pfeffer bestreuen.
5. Salz und Zitronensaft verrühren, damit das Salz sich auflöst und dann die Fleischscheiben damit bestreichen. Mit dem Öl bedecken und die Teller mit MELITTA-Klarsichtfolie eingeschlagen im Kühlschrank eine Stunde ruhenlassen.
6. Zum Servieren die Folie entfernen und den frisch geriebenen Parmesan darüber streuen.
Beilagenempfehlung: Weiß- und Graubrot mit frischer Butter.

Pro Person etwa 323 kcal;
1354 kJ; 39 g E; 10 g F; 1 g Kh

**Oben: Hühnerbrustfilets
mit Pastasalat**

Unten: Tataren-Rinderfilet

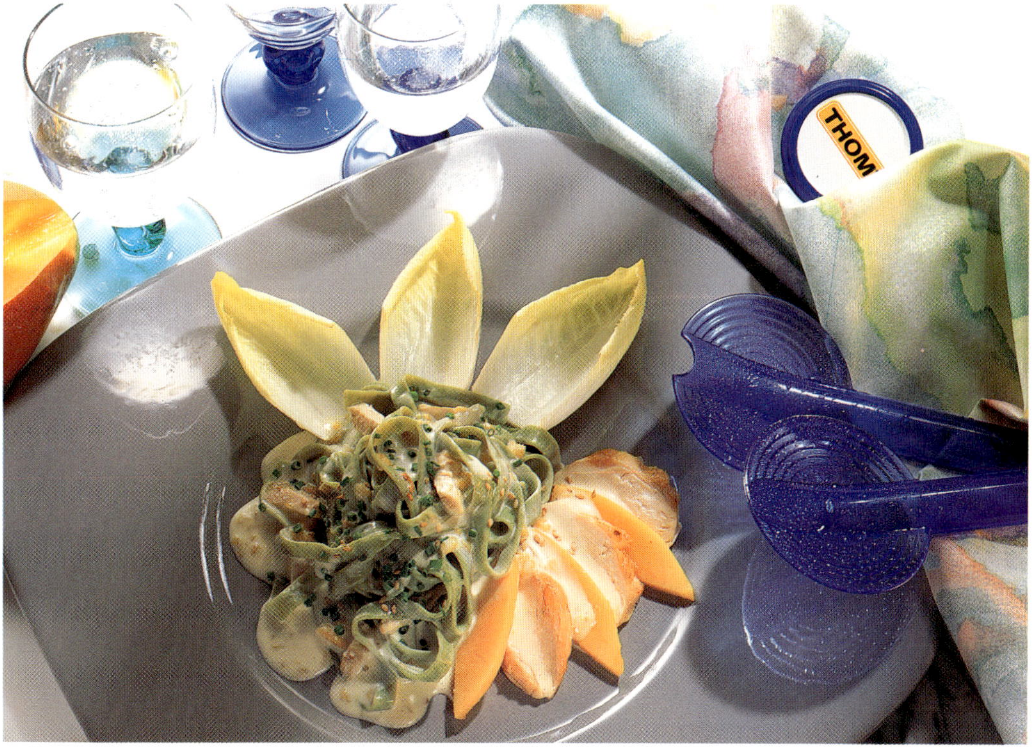
THOM

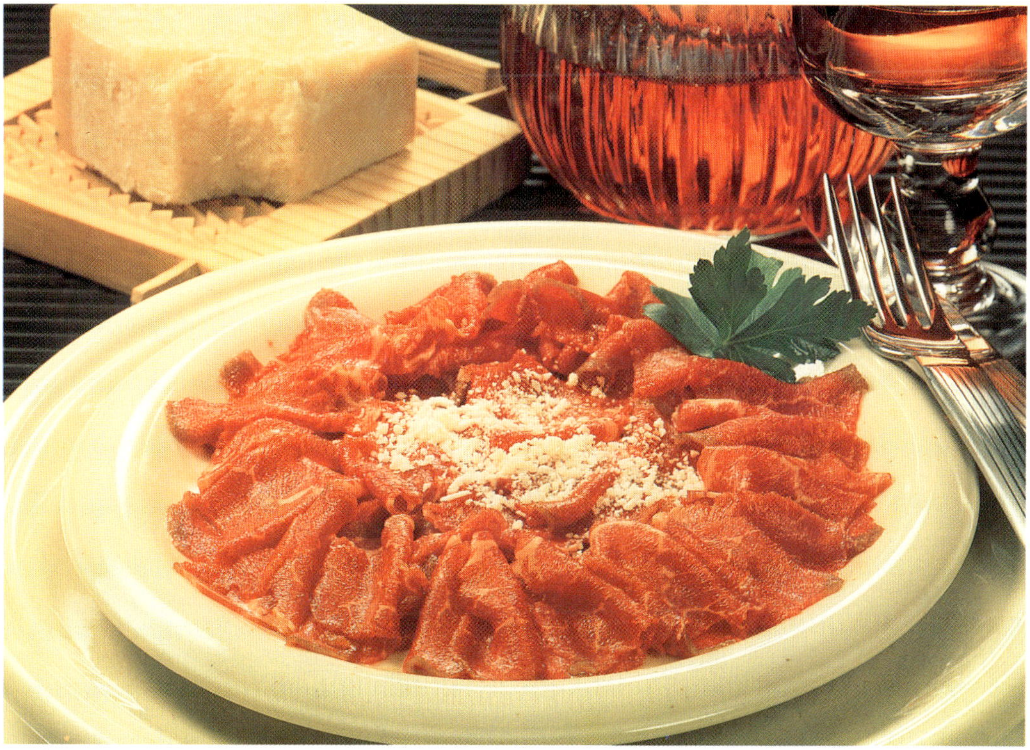

Suppen

Die Grundlage jeder guten Suppe

Die Grundlage einer guten Suppe ist stets der richtige Fond oder eine exzellente Brühe. Fond oder Brühe sind die Basis und meist gut behütete Geheimnisse der Hausfrau oder des Hobby-kochs.

Nun, Fonds und Brühen kann man selber herstellen. Doch die Zu-bereitung ist mit viel Zeit und Auf-wand belastet. Berücksichtigt man die dafür erforderlichen Kosten, ist die Überlegung keinesfalls ab-wegig, fertige Fonds zu kaufen. Ich meine in diesem Zusammenhang keine Brühwürfel. Letztere ver-wende ich nur in »Notfällen«. Fertige Fonds zum Beispiel von LACROIX setze ich gern ein, da sie von ausgezeichneter Qualität sind. Diese Qualitäten selbst herzu-stellen bedürfen einen Zeitaufwand

von mehr als 4 Stunden, allein für das Kochen.

Ein Fond ist kein fertiges Gericht. Jeder Fond ist und kann nur die Basis für eine gute Suppe sein. Un-ter Verwendung eigener Ideen er-reicht sie dann ihre Vollendung. Mit Gewürzen, Weinen, Cognac, Sah-ne, Crème fraîche, Crème double und frischen Kräutern bereitet man wohlschmeckende Kreationen. Im WMF-Schnelltopf werden Suppen besonders schmackhaft. Vor einigen Grundrezepten Hinwei-se, die Sie bitte beachten müssen.
• Der Topf darf mit allen Zutaten einschließlich Flüssigkeit bis zu $2/3$ gefüllt sein.
• Die Garzeit beginnt, wenn am Kochsignal der 2. Ring sichtbar wird.
• Bei schäumenden und stark

quellenden Brühen, Innereien, Hülsenfrüchte, den Topf nur bis zur Hälfte füllen. Im offenen Topf aufkochen und gut abschäumen. Dann erst den Deckel schließen. Die Heizquelle so rechtzeitig regu-lieren, daß der gewünschte Ring am Kochsignal *nur ganz schwach sichtbar* wird.
SEHR WICHTIG: keinesfalls schnell abdampfen! Den Deckel sehr vorsichtig öffnen.
• Suppeneinlagen wie Reis, Teig-waren oder Grieß in die fertige Brühe geben und im offenen Topf kochen oder im ungelochten Einsatz im geschlossenen Topf beim Kochen der Brühe mitgaren.
• Stark trübende Teigwaren (z. B. Nudeln) gesondert im Salz-wasser garen und in die fertige Suppe geben.

Klare Fleisch-Knochenbrühe

500 g Rinderknochen ohne Mark kleingehackt
500 g mageres Rindfleisch (Halsgrat o. Brust)
1 l Wasser oder
600 ml LACROIX Rinder-Fond
400 ml Mineralwasser (Kohlensäure ausrühren!)
1 Zwiebel mit Schale
100 g Suppengemüse, kleingeschnitten
FUCHS Meersalz + weißer Pfeffer

Zubereitung
WMF-Schnelltopf 3,0 l o. 5,0 l;
WMF-Schnellpfanne

1. Kleingeschnittenes Suppen-gemüse in der Schnellpfanne kurz anrösten.
2. Die in heißem Wasser gewasche-nen Knochen und das Fleisch in den Schnelltopf legen. Das kalte Mineral-wasser zugießen, zum Kochen brin-gen und abschäumen.
3. Die Zwiebel mit der Schale halbieren, die Schnittfläche anrösten und zusammen mit dem Röst-gemüse und den Gewürzen zum Fleisch und den Knochen geben. Topf schließen.
GAREN 2. Ring 25 Minuten.
4. Abdampfen lassen und das Koch-gut durch ein feinmaschiges Sieb gießen. In ein grobmaschiges Sieb ein Tuch einlegen. Sonst erhalten Sie keine klare Brühe.
Diese klare Brühe kann auf Vorrat eingefroren werden. Verwenden Sie dafür Toppits Gefrier-Dosen.

Diese können Sie zum Auftauen in heißes Wasser stellen oder im Mikrowellengerät die gefrorene Brühe auftauen.

Anmerkung:
Nährwertangaben wegen unterschiedlicher Fleisch- und Knochenanteile nicht möglich.

TIP
Kleine Portionen in Toppits-Gefrier- und -Kochbeutel füllen und einfrieren. Bei Bedarf in heißes Wasser stellen und erhitzen.

**Vorhergehende Seiten:
Holsteiner Erbsensuppe
Rezept Seite 58**

Das kleingeschnittene Gemüse im heißen Butterschmalz anschwitzen

Röstgemüse zum Fleisch und zu den Knochen geben. Mit heißem Wasser auffüllen

Den sich beim Kochen absetzenden Schaum mehrmals mit dem Schaumlöffel abheben

Kochgut durch ein feinmaschiges Sieb gießen

Bei einem grobmaschigen Sieb ein Tuch einlegen

Die nicht benötigte Brühe in Toppits-Gefrier-Dosen abfüllen, fest verschließen und einfrieren

Holsteiner Erbsensuppe

(Bild Seite 54/55)

2 kleine Möhren
1 Petersilienwurzel
1/2 Stange Porree
25 g BUTARIS Butterschmalz
500 ml LACROIX Kalbs-Fond
600g IGLO TK-Junge Erbsen (2 Pckg.)
FUCHS Meersalz
1–2 TL Zucker
150 g Crème double
4 Eigelb Gew.-Kl. 3
4–5 Scheiben Toastbrot, gewürfelt
15 g BUTARIS Butterschmalz
1–2 TL milerb Petersilie

> **Zubereitung**
> WMF-Schnelltopf 3,0 l o. 5,0 l;
> WMF-Schnellpfanne

1. Möhren, Petersilienwurzel und Porree waschen und klein schneiden. Butterschmalz in der Schnellpfanne erhitzen und das zerkleinerte Gemüse kurz anrösten.
2. In den Schnelltopf Kalbs-Fond geben, darauf das Röstgemüse und die unaufgetauten Erbsen. Topf schließen. GAREN 2. Ring 8 Minuten. Schnelltopf abdampfen lassen. Topf öffnen und das Kochgut passieren, nochmals kurz aufkochen. Mit Salz und Zucker abschmecken. Crème double mit milerb Petersilie und den Eigelben verrühren und die Suppe damit legieren. Die Toastbrotwürfel im Butterschmalz gold-braun rösten. Servieren: Die Suppe in Suppentassen oder -teller füllen. Die gerösteten Toastbrotwürfel darauf verteilen.

> Pro Person etwa 488 kcal;
> 1197 kJ; 15 g E; 33 g F; 30 g Kh

Brunnenkresse-Suppe

150 g Brunnenkresse
50 g Porree, fein gehackt
1 mittelgroße Zwiebel
40 g BUTARIS Butterschmalz
300 g mehlig kochende Kartoffeln
600 ml LACROIX Geflügel-Fond
1 Glas LACROIX Sauce double
für helles Fleisch und Gemüse
40 g KÖLLN Instant-Flocken
125 ml Sahne
2 Eigelb Gew.-Kl. 3
1 Prise Zucker
FUCHS Meersalz zum
Abschmecken (sparsam einsetzen!)

> **Zubereitung**
> WMF-Schnelltopf 2,7 l o. 3,0 l

1. Brunnenkresse putzen, die Blätter von den Stielen zupfen. Die Blättchen gründlich abspülen und trockentupfen. Einige Blätter zum Garnieren übriglassen. Die Zwiebel schälen und in kleine Würfel schneiden.
2. Im Schnelltopf Butterschmalz zerlassen, den feingehackten Porree und die Zwiebelwürfel darin anrösten. Die Brunnenkresseblättchen zufügen und unter Wenden dünsten. Im Aufsatz der Küchenmaschine mit 3 EL Sahne pürieren. Beiseite stellen.
3. Kartoffeln schälen und würfeln. In den Schnelltopf die Hälfte vom Geflügel-Fond zusammen mit den Kartoffelwürfeln geben. Topf schließen. GAREN 2. Ring 3–4 Minuten. Abdampfen lassen. Dann die Kartoffeln ebenfalls im Aufsatz der Küchenmaschine mit 2–3 EL Sahne pürieren (oder mit dem Pürierstab).
4. Den restlichen Geflügel-Fond in den Schnelltopf geben. Den Fond erhitzen, restliche Sahne und Sauce double mit einem Schneebesen unterrühren. Die pürierten Kartoffeln, pürierte Brunnenkresse und Instant-Flocken zugeben und kurz unter Rühren aufkochen lassen. Von der Kochfläche herunternehmen. Die Eigelb mit etwas Sahne verquirlen und in die nicht mehr kochende Suppe einrühren. Abschmecken.
5. Zum Servieren mit Brunnenkresseblättchen garnieren. Stangenweißbrot dazu reichen.

> Pro Person etwa 392 kcal;
> 1642 kJ; 11 g E; 24 g F; 30 g Kh

Tomaten-Crème-Suppe

500 g Tomaten
30 g BUTARIS Butterschmalz
100 g kleingehackte Zwiebel
1 Knoblauchzehe
800 ml LACROIX Kalbs-Fond
50 g KÖLLN Instant-Flocken
25 g Tomatenmark
1 TL Basilikumsalz
frisch gemahlenen weißen Pfeffer

> **Zubereitung**
> WMF-Schnelltopf 2,7 l o. 3,0 l

1. Im Schnelltopf Butterschmalz erhitzen und die gehackte Zwiebel andünsten, die zerdrückte Knoblauchzehe dazugeben. Sobald die Zwiebel eine hellgelbe Farbe angenommen hat, die gewaschenen und klein geschnittenen Tomaten zugeben. Fond zugießen. Instant-Flocken und Tomatenmark einrühren. Topf schließen. GAREN 2. Ring 2–4 Minuten.
2. Nach dem Abdampfen die Suppe durch ein Sieb streichen. Mit Basilikumsalz und weißem Pfeffer abschmecken, auf Tellern servieren.

> Pro Person etwa 169 kcal; 710 kJ;
> 7 g E; 9 g F; 15 g Kh

TIP

SCHWARTAU süße gehobelte Mandeln in Butter anrösten und mit Schlagsahne auf der servierten Suppe anrichten.

Oben: Brunnenkresse-Suppe

Unten: Tomaten-Crème-Suppe

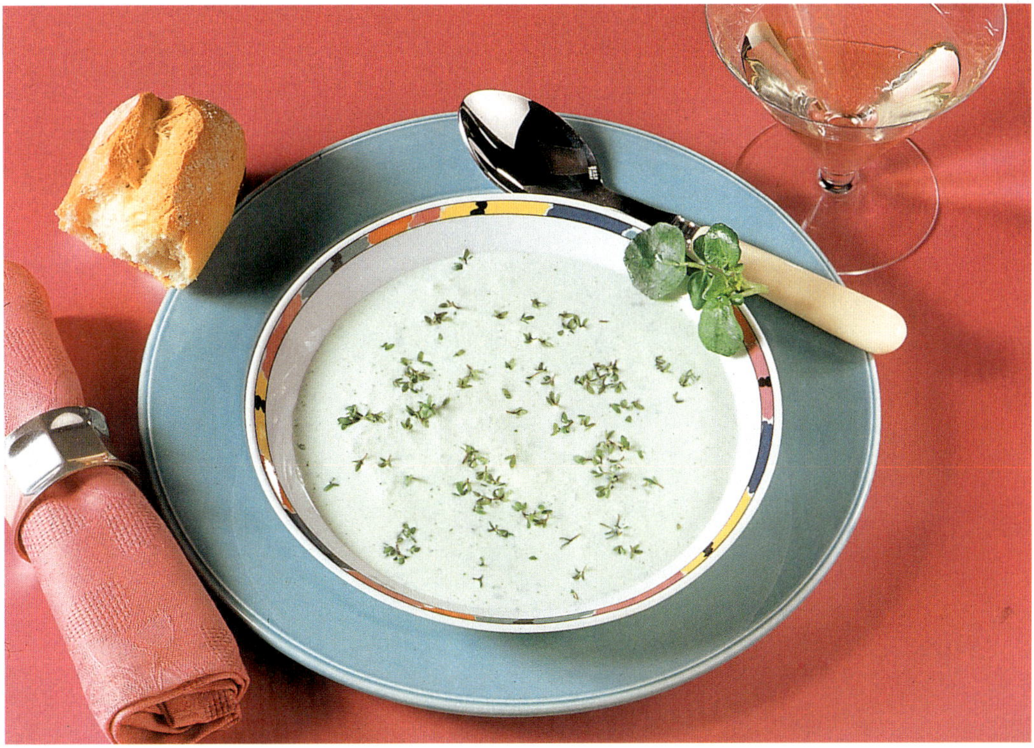

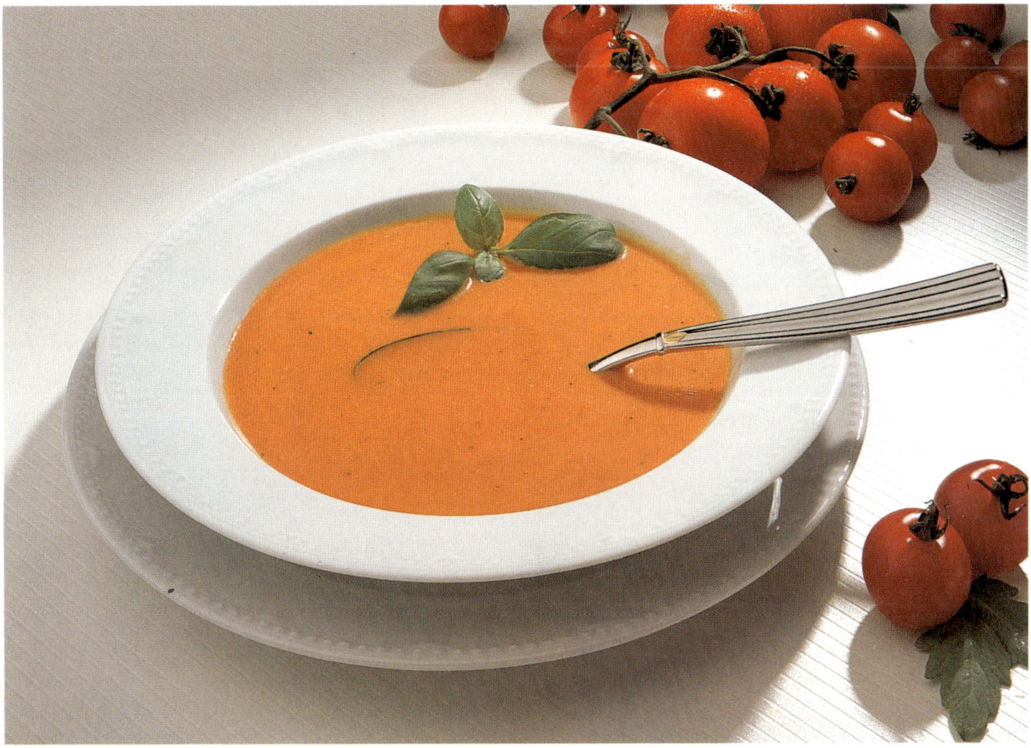

Broccolisuppe mit Schinkenstreifen

1 kg Broccoli oder
3 Pckg. à 300 g IGLO Broccoli
600 ml LACROIX Rinder-Fond
400 ml LACROIX Gemüse-Fond
2 EL KÖLLN Instant-Flocken
100 g dünne Scheiben
gekochter Schinken
60 g klein gewürfelte Zwiebeln
20 g BUTARIS Butterschmalz
100 g Crème fraîche
2 Eigelb Gew.-Kl. 3

Zubereitung
WMF-Schnelltopf 2,7 l o. 3,0 l

1. Broccoli putzen und waschen. TK-Broccoli unaufgetaut in den Schnelltopf geben, in den vorher Rinder- und Gemüse-Fond gefüllt wurde. Topf schließen.
GAREN 2. Ring
frischer Broccoli 6 Minuten
TK-Broccoli 7–8 Minuten.
Schnelltopf abdampfen lassen. Wenn es schnell gehen soll, unter kalten Wasserstrahl stellen. Topf öffnen. Broccoli mit einem Schaumlöffel auf ein Sieb zum Ablaufen legen. Dann die Broccoliröschen von den Stielen abschneiden. Die Stiele im Mixer mit etwas Fond aus dem Schnelltopf pürieren. Das Püree in den Schnelltopf geben.
2. Die Zwiebelwürfel in heißem Butterschmalz goldgelb anschwitzen, mit Instant-Flocken bestäuben und in den Schnelltopf zum Fond und Broccolipüree geben, einrühren und 5 Minuten nicht zugedeckt kochen lassen. Dabei einige Male umrühren.
3. Eigelb mit Crème fraîche gut verrühren und nach dem Aufkochen in die Broccolibrühe einrühren. Suppe darf jetzt nicht mehr kochen! Die abgetropften Broccoliröschen und die in Streifen geschnittenen Schinkenscheiben in die Suppe geben.

Vor dem Servieren mit wenig Salz abschmecken.

Pro Person etwa 270 kcal;
1132 kJ; 18 g E; 14 g F; 18 g Kh

Kerbelsüppchen mit Lachsstreifen

40 g BUTARIS Butterschmalz
50 g Zwiebel, klein gehackt
200 g Kerbelblättchen
3 EL (gehäuft) KÖLLN Instant-Flocken
600 ml LACROIX Rinder-Fond
250 g Crème fraîche
1 Prise Zucker
FUCHS weißer Pfeffer, frisch gemahlen
FUCHS Meersalz zum Abschmecken
3 EL Weißwein (trocken)
120 g geräucherter Lachs, dünn geschnitten für die Einlage
Kerbel zum Garnieren

Zubereitung
WMF-Schnelltopf 2,7 l o. 3,0 l

1. Butterschmalz im Schnelltopf erhitzen. Die gehackte Zwiebel zugeben und etwa 10 Minuten dünsten lassen. Nicht bräunen! Kerbelblättchen zugeben, wenden und mit Instant-Flocken bestäuben. Mit Rinder-Fond aufgießen und verrühren. Topf schließen.
GAREN 1. Ring 3–4 Minuten.
Topf abdampfen lassen. Wenn es schnell gehen soll, unter dem Wasserhahn kalt abspülen, bis das Kochsignal abgesunken ist.
2. Mit dem Pürierstab pürieren. Crème fraîche einrühren. Kurz aufkochen lassen, mit Wein und den Gewürzen abschmecken.
3. Suppe in vorgewärmte Suppentassen geben. Die kleinen Lachs-

streifen einlegen und mit etwas Kerbel garnieren.
Blätterteigstangen dazu reichen.

Pro Person etwa 371 kcal;
1550 kJ; 8 g E; 36 g F; 8 g Kh

Spargelsuppe Baden-Baden

600–800 g frischer Spargel
300 ml LACROIX Gemüse-Fond
Meersalz
1–2 TL Zucker
200 ml süße Sahne
4 Eigelb Gew.-Kl. 3
frischer weißer Pfeffer
1 EL Zitronensaft
2 EL Weißwein
30 g Schinkenwürfel, 15 g Butter

Zubereitung
WMF-Schnelltopf 2,0 l o. 3,0 l

1. Gemüse-Fond mit Salz und Zucker in den Schnelltopf geben. Spargel schälen und in 2 cm lange Stücke schneiden. In den gelochten Einsatz über den Fond stellen. Topf schließen.
GAREN 2. Ring 6–8 Minuten.
2. Die Sahne in die Spargelbrühe geben, Suppe mit Eigelb legieren, pfeffern und mit Zitronensaft und Weißwein abschmecken. Schinkenwürfel in Butter ausbraten und vor dem Servieren auf die Suppe streuen.

Pro Person etwa 289 kcal;
1214 kJ; 11 g E; 20 g F; 13 g Kh

Oben: Broccolisuppe
mit Schinkenstreifen

Unten: Kerbelsüppchen
mit Lachsstreifen

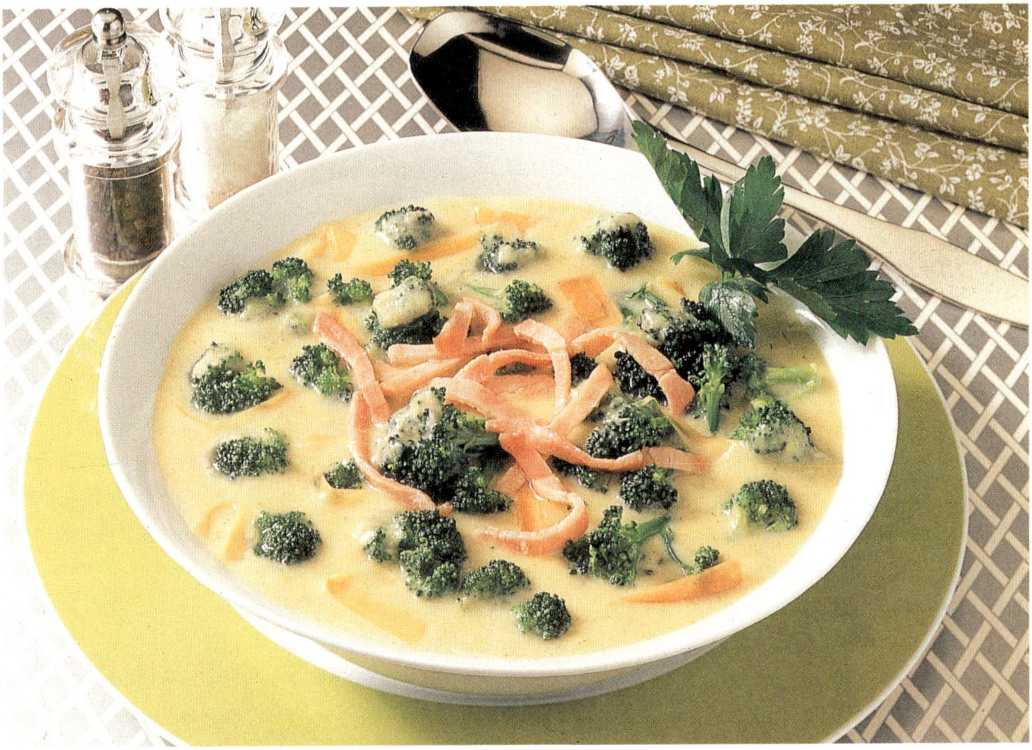

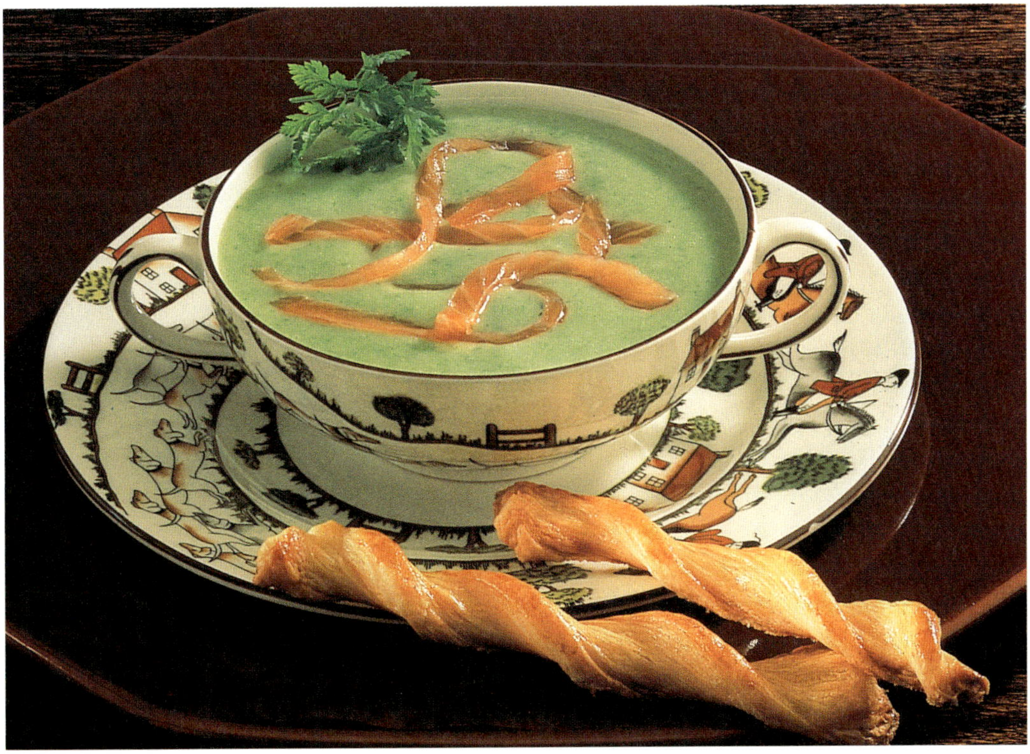

Curry-Crème-Suppe

6 Zucchini
50 g kleingehackte Zwiebel
40 g BUTARIS Butterschmalz
2 EL Curry (vorzuziehen
mild-würzigen Madras-Curry)
125 ml Sherry
2 EL KÖLLN Instant-Flocken
400 ml LACROIX Kalbs-Fond
100 g fein geriebenen Apfel
(Boskop)
150 g Crème double
100 ml süße Sahne
Meersalz zum Abschmecken
2 Bananen à 200 g
Saft 1/2 Zitrone
1 Btl. SCHWARTAU Pistazien, gehackt

Zubereitung
WMF-Schnelltopf 2,7 l o. 3,0 l

1. Zucchini schälen und in kleine Würfel schneiden. Butterschmalz im Schnelltopf erhitzen und die Zwiebel- und Zucchiniwürfel darin anschwitzen. Mit Curry stäuben und mit Sherry ablöschen.
2. Kalbs-Fond und geriebenen Apfel zugeben. Topf schließen. GAREN 1. Ring 2–3 Minuten.
3. Bananen schälen und in Scheiben schneiden, diese mit Zitronensaft beträufeln oder bestreichen, damit sie nicht braun werden.
4. Wenn sich das Kochsignal vollständig in den Griff abgesenkt hat, Topf öffnen. Die Suppe mit einem Pürierstab pürieren und durch ein Sieb passieren.
Die Crème double mit der Sahne gut verrühren und in die Suppe einrühren. Bis kurz vorm Kochen kommen lassen. Von der Kochstelle nehmen und mit Salz abschmecken.
5. In Suppentassen verteilen. Bananenscheiben auf die Suppe legen. Mit gehackten Pistazien bestreuen.

Pro Person etwa 520 kcal;
2180 kJ; 7,7 g E; 22 g F; 38 g Kh

Lachs-Crèmesuppe mit Lachs-Klößchen

Zutaten Lachs-Klößchen

300 g frischer roher Lachs
3 Eiweiß Gew.-Kl. 3
150 g Crème double
2 Eigelb Gew.-Kl. 3
50 g LACROIX Lachs-Crème
2 TL milerb Kerbel
(leicht gehäuft)
10 ml Cognac
Meersalz,
weißer Pfeffer frisch gemahlen
LACROIX Worcestershire-Sauce

Zutaten Lachs-Crèmesuppe

60 g feingewürfelte Schalotten
40 g Butter
500 ml LACROIX Fisch-Fond
150 ml Weißwein (halbtrocken)
75 g LACROIX Lachs-Crème
150 g Crème double
2 Eigelb Gew.-Kl. 3
1 Päckchen Safran
Meersalz,
weißer Pfeffer frisch gemahlen

Zubereitung Lachs-Klößchen
1. Den rohen Lachs enthäuten, entgräten, dunkle Fettstellen wegschneiden. Dann den Lachs in kleine Würfel schneiden und mit dem Eiweiß gut mischen. Für etwa 15 Minuten in das Gefrierfach oder den Gefrierschrank stellen. Das Lachs-Gemisch anschließend mit Salz, frisch gemahlenem Pfeffer, Worcestershire-Sauce, Lachs-Crème, Kerbel und Cognac würzen. Crème double mit 2 Eigelben gut verrühren und zusammen mit den Lachswürfeln im Mixer pürieren. Danach noch einmal abschmecken. Durch ein Sieb streichen und für gut 10 Minuten in das Gefrierfach oder -schrank zugedeckt stellen.
2. Mit zwei in kaltes Wasser getauchten Teelöffeln Klößchen formen und 5 Minuten in kochendem Salzwasser pochieren. Auf einem Sieb abtropfen lassen und warm stellen.

Zubereitung Lachs-Crèmesuppe
WMF-Schnelltopf 2,7 l o. 3,0 l

(Für dieses Rezept den Schnelltopf nicht fest schließen.)

1. Im Schnelltopf Butter erhitzen und die Schalottenwürfel darin glasig anrösten und mit Fisch-Fond ablösen. Lachs-Crème mit Wein verrühren und zum Fisch-Fond geben. Zum Kochen bringen.
2. Die Eigelb mit Crème double gut verrühren. In einen Topf geben. Mit dem Schneebesen den heißen, nicht mehr kochenden Fisch-Fond nach und nach unterrühren.
In die dann fertige Crèmesuppe Safran einrühren und mit Salz, frisch gemahlenem weißen Pfeffer abschmecken.
3. Die Suppe auf Teller verteilen und die Lachs-Klößchen einlegen.
Beilagenempfehlung: Toastbrot mit Butter

Pro Person etwa 832 kcal;
3493 kJ; 58 g E; 38 g F; 11 g Kh

TIP
Sie sparen Zeit und Geld. Verdoppeln Sie die Suppenrezepte und frieren Sie einen Vorrat in Toppits-Gefrierdosen oder in Toppits-Gefrier- und -Kochbeutel ein.

Oben: Curry-Crème-Suppe

Unten: Lachs-Crèmesuppe mit Lachs-Klößchen

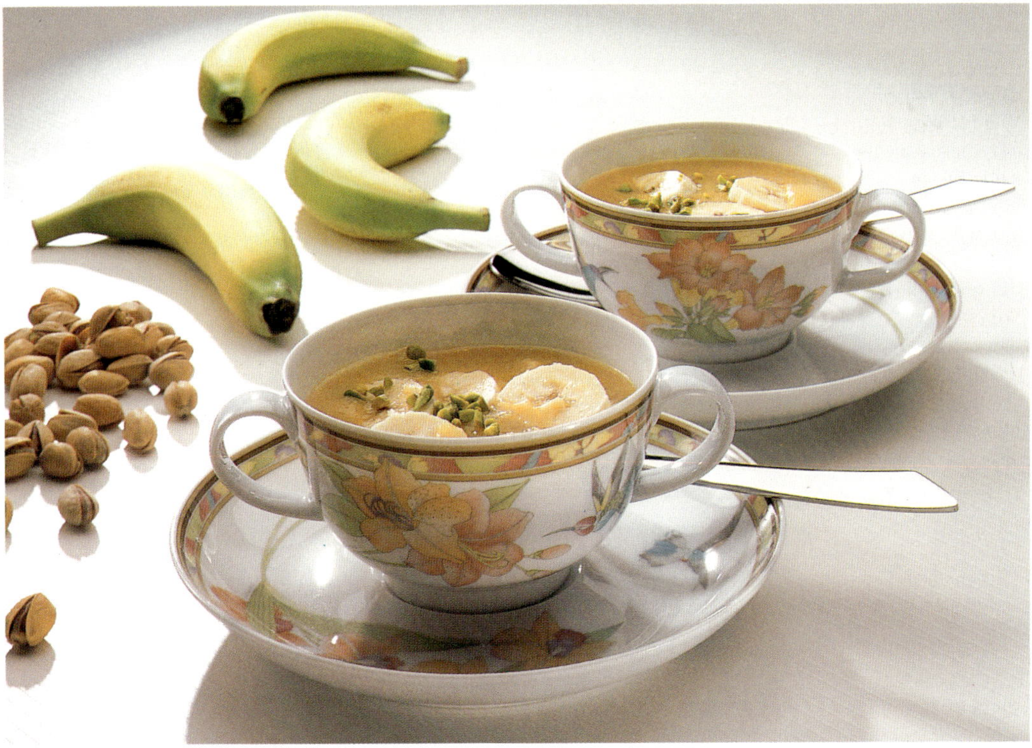

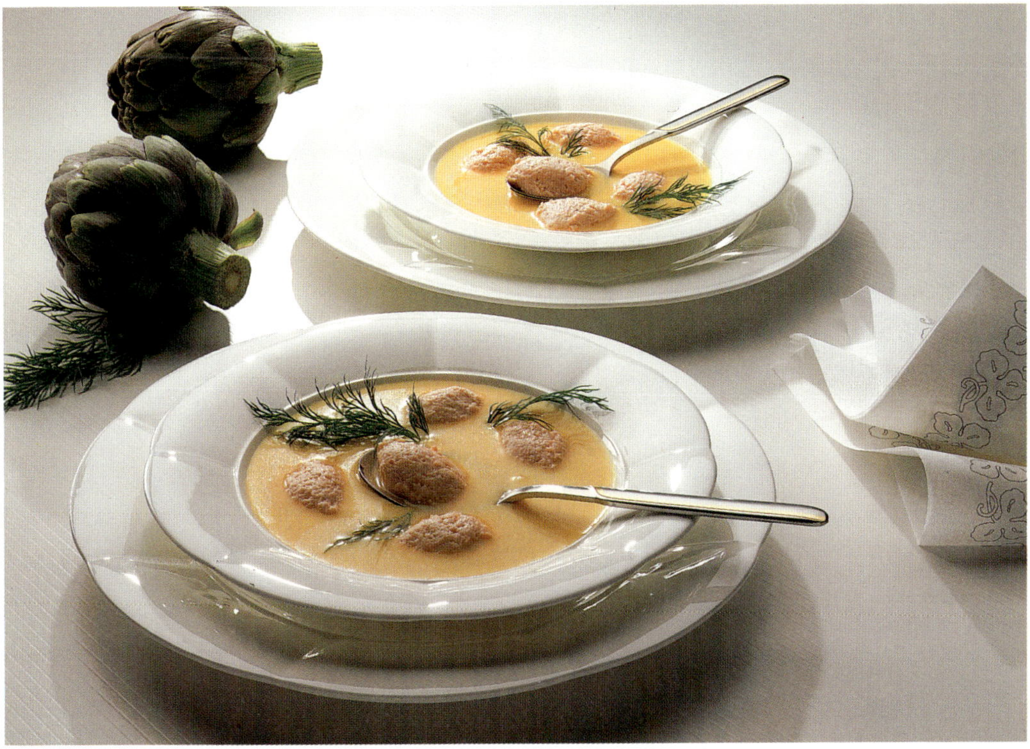

Blumenkohl-Rahmsuppe mit Nordsee-Krabben

600 g Blumenkohl
800 ml LACROIX Gemüse-Fond
1 Prise Meersalz
1 Prise Muskatnuß
1 Spritzer Zitronensaft
400 ml süße Sahne
40 g KÖLLN Instant-Flocken
40 g BUTARIS Butterschmalz
2 TL milerb Petersilie
1 TL milerb Schnittlauch
(alternativ: 3 TL frische gehackte
Petersilie)
2 Eigelb Gew.-Kl. 3
150 g Nordsee-Krabben
ohne Schale
20 ml Cognac

> Zubereitung
> WMF-Schnelltopf 2,7 l o. 3,0 l

1. Blumenkohl einige Zeit mit der Blume nach unten in Salzwasser legen. Danach kurz unter dem Wasserhahn abspülen, putzen und in kleine Röschen zerlegen.
2. Gemüse-Fond mit den Gewürzen aufkochen. Die Blumenkohlröschen hineingeben, Topf schließen. GAREN 2. Ring 4 Minuten. Nach dem Garen, sobald das Kochsignal sich gesenkt hat, Topf öffnen und mit einem Schaumlöffel die Blumenkohlröschen herausholen und auf ein Sieb geben.
3. Etwa $2/3$ der Röschen im Mixer pürieren. Das andere Drittel für die Suppeneinlage beiseite stellen. Warm halten!
4. Instant-Flocken in der Sahne auf-lösen, zusammen mit dem Butterschmalz und dem Blumenkohlpüree in den Schnelltopf zur Brühe geben. Unter Rühren kurz aufkochen lassen. Von der Kochstelle absetzen. Das Eigelb mit heißer – nicht kochender Brühe aufschlagen und in die Suppe einrühren. Die Suppe darf nicht mehr kochen!
Die Crèmesuppe abschmecken und Petersilie und Schnittlauch zugeben.
5. Die Krabben kurz abspülen, auf Küchenkrepp trockentupfen, in eine Schüssel geben und mit dem Cognac kurz mischen.
Servieren: Die Suppe auf Teller verteilen, Blumenkohlröschen einlegen und die Krabben zugeben.
Wer mag, mit frischer Petersilie garnieren.

> Pro Person etwa 583 kcal;
> 2450 7 kJ; 17 g E; 47 g F; 16 g Kh

Gurken-Crèmesuppe

1 Salatgurke ca. 700/800 g
600 ml LACROIX Gemüse-Fond
2 Schalotten in kleinen Würfeln
50 g Blütenzarte Köllnflocken
1 TL Estragonessig
1 TL Zitronensaft
200 g Crème fraîche
1 TL milerb Dill
oder frisch gehackten Dill
FUCHS Meersalz + weißer Pfeffer
120 ml süße Sahne
30 g Butter

> Zubereitung
> WMF-Schnelltopf 2,7 l o. 3,0 l

1. Salatgurke schälen, halbieren, Samen ausschaben und in Würfel schneiden.
2. Im Schnelltopf Butter erhitzen und die Schalottenwürfel glasig anrösten. Mit der Hälfte Gemüse-Fond ablöschen und Köllnflocken einrühren. Zitronensaft, Estragon-essig, Gurkenwürfel und restlichen Fond zugeben. Topf schließen. GAREN 2. Ring 3–4 Minuten. Topf von der Kochstelle herunternehmen und sofort unter dem Wasserhahn mit kaltem Wasser abkühlen. Topf öffnen. Mit dem Schaumlöffel die Gurkenstücke herausnehmen und in einem Sieb abtropfen lassen.
3. Ein Viertel der Gemüsewürfel davon abnehmen und warm stellen. Den Rest pürieren, durch ein Sieb passieren und in den Topf im Fond zusammen mit Crème fraîche einrühren. Mit Dill, Salz und frisch gemahlenem Pfeffer abschmecken und kurz aufkochen.
4. Die Sahne steif schlagen.
Servieren: Die Crèmesuppe in Suppentassen oder -teller geben. Gurkenwürfel einlegen und geschlagene Sahne mit Spritzbeutel und Sterntülle aufdressieren.

> Pro Person etwa 319 kcal;
> 1341 kJ; 4 g E; 28 g F; 16 g Kh

Gurken-Dill-Flip

1 Liter Buttermilch
2 Pckg. IGLO TK-Dill
150 g Salatgurke, geraspelt
40 g Zitronensaft
Tabasco, Pfeffer, Salz

1. Buttermilch mit Dill und Zitronensaft verrühren und mit den Gewürzen sowie einigen Spritzern Tabasco abschmecken. Anschließend in Gläser füllen, Gurkenraspel darübergeben und sofort servieren.

> Pro Person etwa 109 kcal;
> 458 kJ; 10 g E; 2 g F; 11 g Kh

Oben: Blumenkohl-Rahmsuppe mit Nordsee-Krabben

Unten: Gurkencrèmesuppe

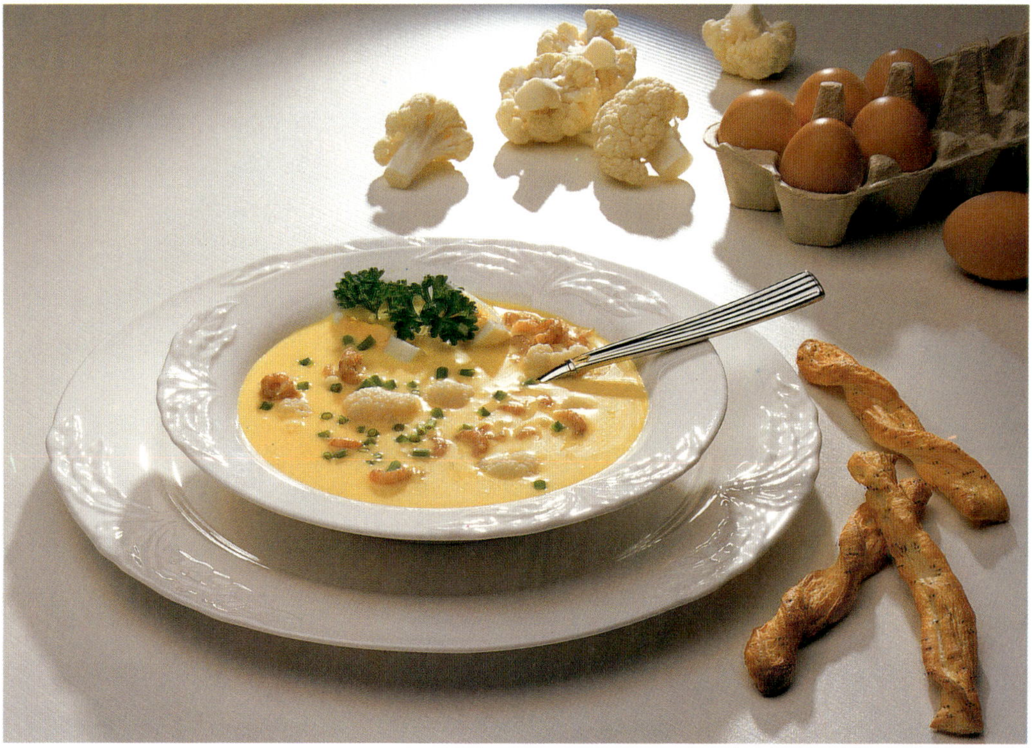

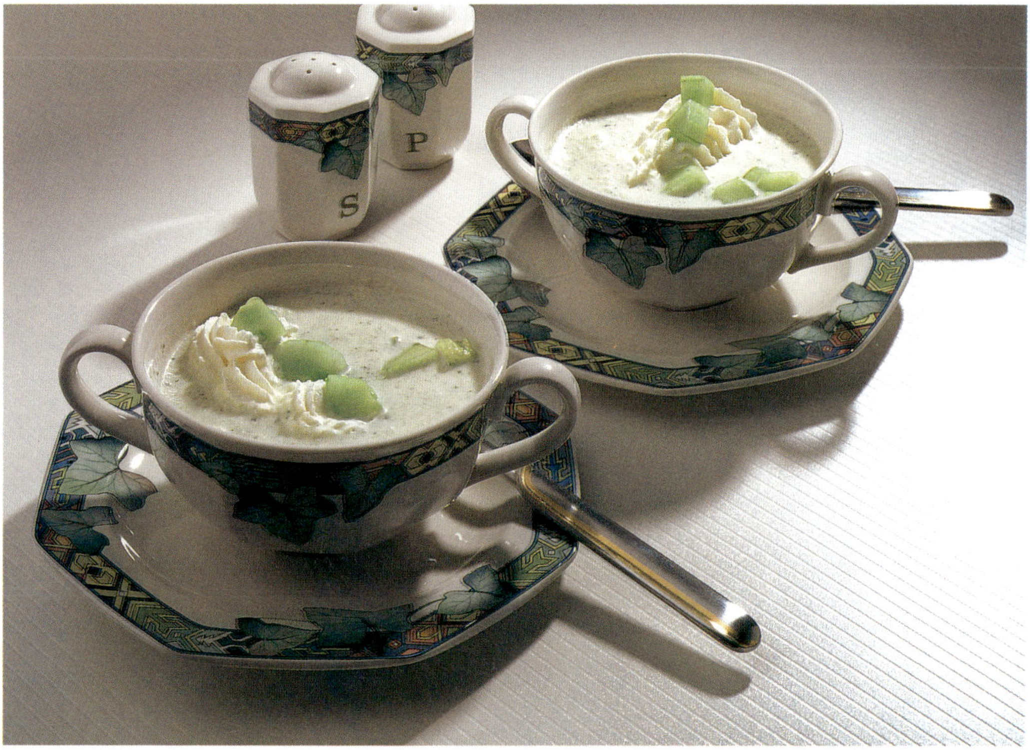
P
S

Kohlrabisuppe mit geräuchertem Forellenfilet

320 g geräucherte Forellenfilets
800 g frischen Kohlrabi
30 g BUTARIS Butterschmalz
300 ml LACROIX Kalbs-Fond
300 ml LACROIX Gemüse-Fond
200 ml süße Sahne
FUCHS Meersalz + weißer Pfeffer
frisch gemahlen + 1 Prise frisch
geriebene Muskatnuß

> Zubereitung
> WMF-Schnelltopf 2,7 l o. 3,0 l

1. Kohlrabi schälen, in Würfel schneiden und kurz blanchieren. Auf einem Sieb abtropfen lassen. Das Wasser wegschütten.
2. Die Fischfilets in mundgerechte Streifen schneiden.
3. Den Kalbs-Fond in den Schnelltopf mit dem Butterschmalz geben und ankochen. (Topfdeckel dabei nicht auflegen!) Sobald der Fond kocht, von der Kochstelle herunternehmen. Die Kohlrabiwürfel in den kochenden Fond geben. Den Topf schließen.
GAREN 2. Ring 6–7 Minuten.
4. Nach dem Garen die Kohlrabiwürfel pürieren, durch ein Sieb streichen und zurück in den Topf geben. Gemüse-Fond zugießen, alles gut verrühren und noch einmal aufkochen. Mehrere Male umrühren. Die Sahne zuschütten, würzen und zum Kochen bringen. (Topfdeckel dabei nicht auflegen!) Sofort von der Kochstelle herunternehmen. Die Streifen Forellenfilets in die heiße Suppe einlegen. Den Topf schließen und etwa 10 Minuten stehenlassen. Dann servieren. Frisches Baguette dazu reichen.

> Pro Person etwa 381 kcal;
> 1595 kJ; 22 g E; 26 g F; 11 g Kh

Selleriecrème-Suppe

300 g Sellerieknollen
200 g Kartoffeln
30 g BUTARIS Butterschmalz
400 ml LACROIX Kalbs-Fond
200 ml LACROIX-Waldpilz-Fond
150 ml LACROIX-Gemüse-Fond
250 ml süße Sahne
2 Eigelb Gew.-Kl. 3
frischer weißer Pfeffer
Meersalz

> Zubereitung
> WMF-Schnelltopf 2,7 l o. 3,0 l

1. Sellerieknollen und Kartoffeln schälen und in kleine Würfel schneiden. 3 EL Selleriewürfel zurückbehalten. Butterschmalz im Schnelltopf erhitzen, die Kartoffel- und Selleriewürfel darin hell anbraten. Mit Kalbs-Fond ablöschen. Schnelltopf schließen.
GAREN 2. Ring 4–5 Minuten.
2. Topf von der Kochstelle herunternehmen. Sobald sich das Kochsignal gesenkt hat, Topf öffnen und mit dem Mixstab pürieren. Die restlichen Selleriewürfel, Waldpilz- und Gemüse-Fond zufügen und noch einmal etwa 3 Minuten köcheln lassen.
3. Die Sahne mit dem Eigelb verquirlen und in die Suppe einrühren. Vorsichtig erhitzen, aber nicht kochen! Mit Salz und Pfeffer abschmecken. Mit Sellerieblättern garnieren.

> Pro Person etwa 420 kcal;
> 1765 kJ; 8 g E; 31 g F; 25 g Kh

Spinat-Suppe mit Einlage

450 g IGLO TK-Junger Spinat
fein gehackt
60 g Schalotten, klein gewürfelt
60 g BUTARIS Butterschmalz
40 g gehackten Kerbel
15 g feingeschnittene Minzeblätter
1/2 TL milerb Majoran
800 ml LACROIX Kalbs-Fond
4 frische Eigelb Gew.-Kl. 3
60 g Weißbrotwürfel
goldgelb geröstet
gehackte Petersilie zum Garnieren

> Zubereitung
> WMF-Schnelltopf 2,7 l o. 3,0 l

1. Im Schnelltopf Butterschmalz erhitzen. Die Schalottenwürfel darin glasig dünsten. Mit 400 ml Kalbs-Fond ablöschen. Den Spinat in den Fond, Kerbel, Minze und Majoran auf den Spinat legen. Topf schließen.
GAREN 2. Ring etwa 8–10 Minuten. Den Topf nach dem Garen sofort von der Kochstelle herunternehmen. Kochsignal absinken lassen; erst dann öffnen.
2. Den restlichen Fond zugeben, alles gut miteinander verrühren, kurz aufkochen und abschmecken. Sofern erforderlich oder erwünscht nachwürzen.
3. Die goldgelb gerösteten Weißbrotwürfel auf 4 Suppentassen oder -teller verteilen. Die Spinatsuppe einfüllen. Auf jede Portion vorsichtig ein Eigelb gleiten lassen. Zum Abschluß mit fein gehackter Petersilie garnieren.

> Pro Person etwa 295 kcal;
> 1237 kJ; 10 g E; 22 g F; 12 g Kh

**Oben: Kohlrabisuppe
mit geräuchertem Forellenfilet**

Unten: Spinat-Suppe mit Einlage

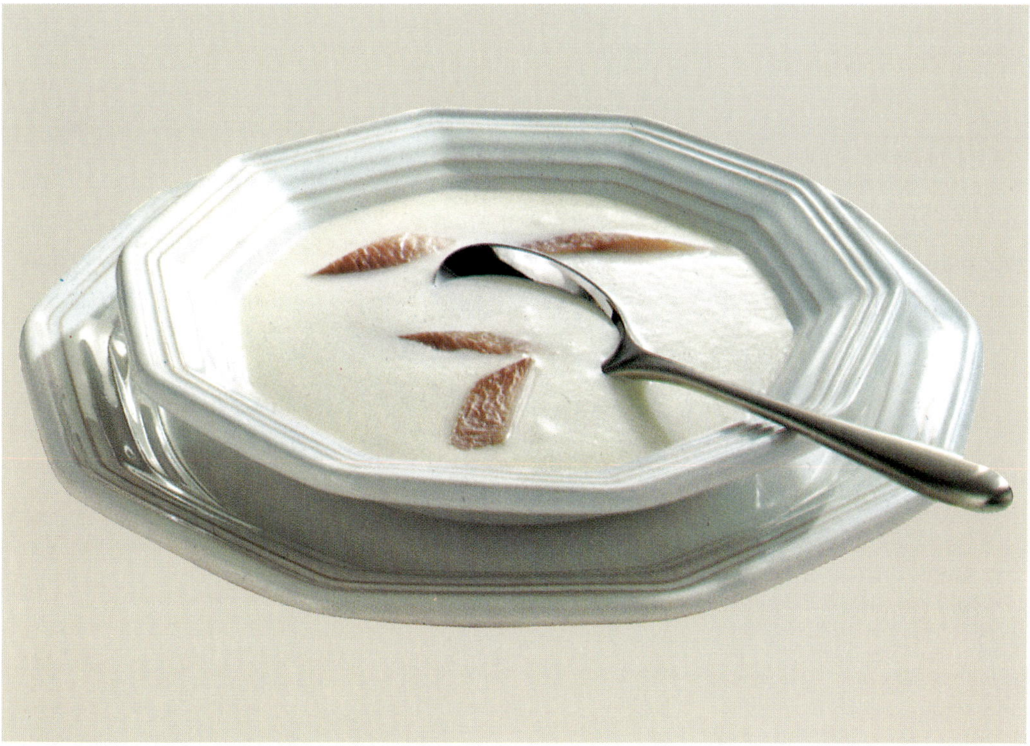

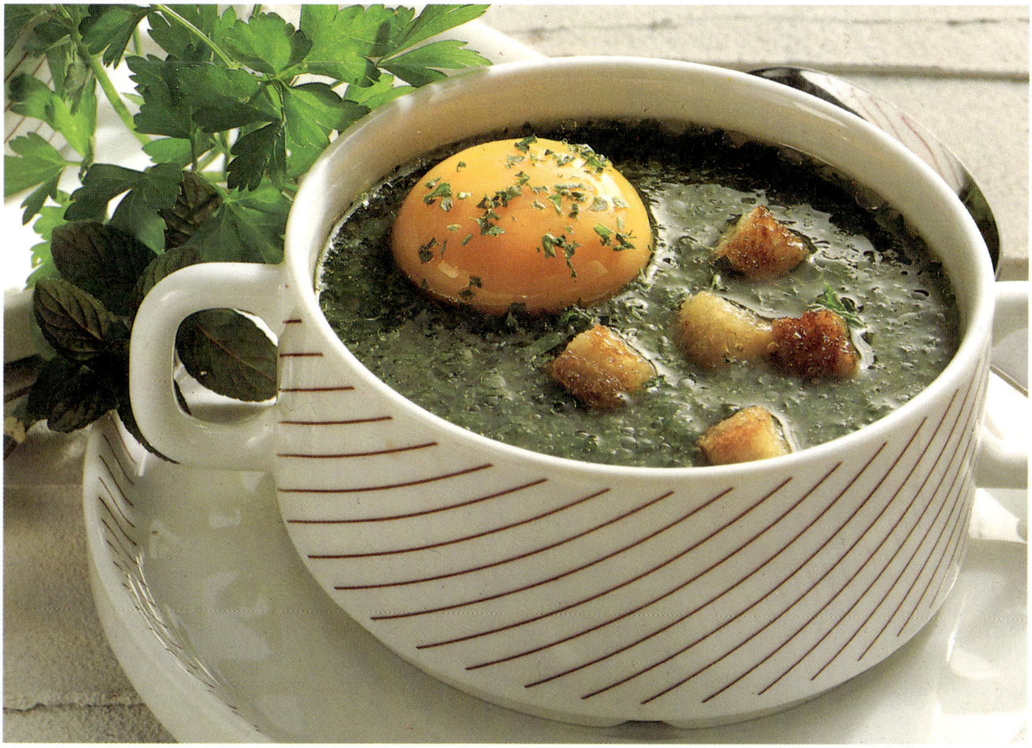

Möhrensuppe mit Nordsee-Krabben

500g Karotten, 40g Schalotten
60g BUTARIS Butterschmalz
400ml LACROIX Kalbs-Fond
200ml Weißwein (halbtrocken)
2–3 TL Zucker, 4 saftige Orangen
150g Mascarpone, Salz
frisch gemahlener weißer Pfeffer
200g Nordsee-Krabben oder Shrimps

Zubereitung
WMF-Schnelltopf 2,7 l o. 3,0 l

1. Karotten schälen, waschen und in Würfel schneiden. Schalotten in kleine Würfel schneiden.
2. Butterschmalz im Schnelltopf erhitzen und Schalotten darin leicht glasieren. Mit Kalbs-Fond ablöschen, Weißwein und Saft von 2 Orangen, Zucker und die Karottenwürfel zugeben. Topf schließen.
GAREN 2. Ring 6–7 Minuten.
3. Die anderen 2 Orangen filieren. Beiseite stellen.
4. Sobald das Kochsignal zurück gefallen ist, den Topf öffnen. Die Suppe durch ein Sieb gießen und in den Schnelltopf zurückgeben. Die Karotten- und Schalottenwürfel aus dem Sieb in eine entsprechend große Schüssel geben und pürieren. Anschließend durch ein Sieb in den Schnelltopf passieren. Unter Rühren die Suppe aufkochen.
5. Mascarpone glattrühren und löffelweise Suppe zugeben, bis die Masse etwas flüssig wird. Dann in die Suppe einrühren, mit Salz und Pfeffer abschmecken. Wer es etwas süßer mag, kann mit Zucker nachsüßen. Suppe kurz erhitzen, aber nicht mehr zum Kochen bringen.
6. Zum Servieren die Krabben auf die Suppenteller verteilen, mit Möhrensuppe auffüllen und mit Orangenfilets garnieren.

Pro Person etwa 516 kcal;
2170 kJ; 17 g E; 30 g F; 34 g Kh

Spargel-Crèmesuppe mit Nordsee-Krabben

500g frisches Nordsee-Krabbenfleisch
800g geschälter frischer Spargel
400ml LACROIX Kalbs-Fond
40g Butter
2EL Zucker
1 Prise Meersalz
20g Speisestärke
150g Crème fraîche
3 Eigelb Gew.-Kl. 3
200ml süße Sahne
weißer Pfeffer, frisch gemahlen
1 Prise geriebene Muskatnuß
etwas gehackte Petersilie zum Garnieren

Zubereitung
WMF-Schnelltopf 2,7 l o. 3,0 l

1. Den Spargel in etwa 4 cm lange Stücke schneiden. Den Kalbs-Fond in den Schnelltopf geben. Butter, Zucker und Salz zufügen. Den Spargel im gelochten Einsatz über den Fond stellen. Topf schließen.
GAREN 2. Ring 6–10 Minuten, je nach Dicke.
2. Das Krabbenfleisch mit kaltem Wasser abspülen und im Sieb abtropfen lassen.
3. Sobald der Spargel gar ist, den Spargel aus dem Topf herausnehmen und warm stellen.
4. Die Speisestärke mit wenig Wasser anrühren und den Fond damit binden. Crème fraîche und die Sahne in den Fond einrühren und kurz aufkochen. Die Eigelb glattrühren und die Suppe damit legieren. Mit den Gewürzen die Suppe abschmecken. Die Spargelstücke und das Krabbenfleisch in die Suppe geben und durchwärmen, aber nicht mehr kochen lassen. Mit etwas gehackter Petersilie bestreut servieren.

Pro Person etwa 634 kcal;
2662 kJ; 33 g E; 44 g F; 25 g Kh

Holsteiner Birnensuppe

500ml LACROIX Gemüse-Fond
500g Räucherspeck
(durchwachsen)
600g Birnen
100g Sultaninen
500ml Buttermilch
60g KÖLLN Instant-Flocken
3–4 EL Zucker

Zubereitung
WMF-Schnelltopf 2,7 l o. 3,0 l

1. Gemüse-Fond in den Schnelltopf geben, den Speck einlegen. Topf schließen.
GAREN 2. Ring 24–26 Minuten.
2. Birnen schälen, Kerngehäuse entfernen und in nicht zu dicke Scheiben schneiden.
3. Den gegarten Speck in feine Scheiben schneiden. Die Birnenscheiben und die Sultaninen in die Brühe im Schnelltopf geben. Topf schließen.
GAREN 1. Ring 6–8 Minuten.
4. In einen anderen Topf die Buttermilch geben, darin die Instant-Flocken mit dem Zucker unter ständigem Rühren aufkochen. Anschließend in die Brühe zu den Birnen und Sultaninen einrühren und alles noch weitere 10 Minuten ziehen lassen, jedoch nicht mehr kochen.
Servieren: Speck auf 4 Teller verteilen und die Birnensuppe darübergießen.

Pro Person etwa 1159 kcal;
4868 kJ; 20 g E; 84 g F; 70 g Kh

**Oben: Möhrensuppe
mit Nordsee-Krabben**

**Unten: Spargel-Crèmesuppe
mit Nordsee-Krabben**

Weißweinsuppe mit Schneeklößchen

500ml klarer Apfelsaft
50g Zucker
1 Päckchen Bourbon-Vanillepulver
500ml Weißwein »Müller Thurgau«
2 Eiweiß Gew.-Kl. 3
1 Prise Salz
200ml Alpensahne (12%)
2 Eigelb Gew.-Kl. 3

Zubereitung
WMF-Schnelltopf 2,7 l o. 3,0 l

1. Den Apfelsaft im Topf mit dem Zucker zum Kochen bringen. Vanillepulver mit etwas Weißwein verquirlen und unter Rühren mit dem Schneebesen in den Apfelsaft geben, gut durchkochen, Weißwein zufügen und einmal aufwallen lassen.
2. Eiweiß mit einer Prise Salz zu sehr steifen Schnee schlagen. Mit einem Eßlöffel kleine Klößchen abstechen und auf die Suppe setzen. Topf zudecken – aber nicht fest verschließen! – und die Klößchen etwa 5 Minuten ziehen lassen. Dann die Schneeklößchen mit einem Schaumlöffel herausnehmen. Eigelb mit der Alpensahne verquirlen, in die Suppe rühren. Nach Bedarf die Suppe nochmals erhitzen, aber nicht mehr kochen lassen, da das Eigelb dann gerinnen würde.
3. Zum Servieren die Suppe auf Suppenteller oder -tassen verteilen. Die Schneeklößchen auf die Suppe legen.

Pro Person etwa 262 kcal;
1096 kJ; 6 g E; 7 g F; 37 g Kh

Erbsen-Crèmesuppe mit Krabben-Einlage

40g BUTARIS Butterschmalz
40g kleine Zwiebelwürfel
100g Porree
400ml LACROIX Kalbs- oder
Geflügel-Fond
450g IGLO TK-Junge Erbsen
1–2 TL Zucker
FUCHS Meersalz,
weißer Pfeffer, frisch gemahlen
200ml süße Sahne
400g Krabbenfleisch
Petersilie, klein gehackt
zum Garnieren

Zubereitung
WMF-Schnelltopf 2,7 l o. 3,0 l

1. Krabben mit kaltem Wasser abspülen und in einem Sieb abtropfen lassen.
2. Porree in ganz dünne Ringe schneiden. Im Schnelltopf Butterschmalz erhitzen, die Zwiebelwürfel und Porreeringe darin glasig anschwitzen. Mit dem Fond ablöschen. Die Erbsen unaufgetaut in den Fond geben. Topf schließen. GAREN 2. Ring 6–8 Minuten. Von der Kochstelle herunternehmen. Sobald das Kochsignal abgesenkt ist, den Topf öffnen, die Erbsensuppe pürieren, durch ein Sieb streichen und in den Topf zurückgeben. Sahne zugeben und unter Rühren aufkochen. Mit Zucker, Salz und frisch gemahlenem Pfeffer abschmecken. Die Krabben vorsichtig unterrühren. Den Topf schließen und etwa 10 Minuten stehenlassen. Nicht mehr kochen! Anschließend servieren, mit Petersilie bestreuen. Dazu Toastbrot mit Butter reichen.

Pro Person etwa 456 kcal;
1917 kJ; 26 g E; 26 g F; 23 g Kh

Sommerzeit – jetzt haben wir den Salat!

In der Sommerzeit haben sie wieder Hochkonjunktur, ob Kopfsalat, Lollo Rosso, Eisberg, die Vielfalt erfreut sich wachsender Beliebtheit. Kein Wunder, denn die grünen Köpfe sind gesund und erfrischend, leicht bekömmlich, schnell zubereitet und inzwischen sogar als eigenständiges Gericht salonfähig. In großen Schüsseln darf gemischt werden, was schmeckt, kombiniert werden, was paßt. Die Hauptsache: **»Die Zutaten stimmen.«**

• Blattsalate sollten fest und geschlossen sein, die Blattrippen straff, knackig und saftig. Das gilt für die ganze Vielfalt: für Kopfsalat, Endivien-, Eisberg-, Frisée- und Feldsalat ebenso wie für Chicorée, Lauch und Radicchio. Der Treibhaus-Salat ist übrigens weniger ergiebig und an den lockeren Köpfen zu erkennen.
• Frisch sollten auch die Zugaben aus dem Gemüseregal sein: Salatgurken, Zucchini und Paprikaschoten können aufgrund ihrer Festigkeit ausgewählt werden. Tomaten, Möhren und Auberginen zeichnen sich beim Kauf durch eine glatte, straffe Haut aus.
• Frisches Obst und Gemüse im Einkaufskorb nicht aufbewahren, sondern sofort verarbeiten. Nur so sichern sie sich einen knackigen und saftigen, schmackhaften Salat.
• Blattsalate erst kurz vor dem Servieren mit der Salatsauce vermengen,

damit er nicht zusammenfällt und unappetitlich aussieht.
• Die exotischen Salatfrüchte finden in der Küche immer mehr Verwendung. Hier einige Anregungen:
Von Artischocken sind nur die dickfleischigen Blattansätze und der Boden eßbar.
Reife Avocados halbieren und mit Krabben oder Salat füllen. Der nußige Geschmack der Frucht unterstreicht die Füllungen.
Die Exoten Kiwis, Mangos oder Papayas geben nicht nur den Obstsalaten einen intensiveren Geschmack, sondern eignen sich hervorragend zur Garnierung auch anderer Salate. Denken Sie daran, das Auge ißt mit. Servieren Sie alle Blattsalate in dekorativen Glasschalen. Bunte Rohkost- oder Gemüsesalate auf flachen Platten anrichten. Sie wirken darauf besonders appetitlich. Obstsalate in ihrer farbenfrohen Zusammensetzung und Gestaltung kommen in Sektschalen am besten zur Wirkung. Es eignen sich dafür auch ausgehöhlte Fruchthälften, wie zum Beispiel von Orangen, Ananas oder Melonen.
Im allgemeinen Sprachgebrauch ist Salat vor allem eine Blattpflanze, die in mundgerechten Stücken roh in Marinade angemacht wird. Ich möchte Ihnen Auswahl und Einkauf erleichtern und Ihnen erklären, daß es zwei botanisch unterschiedliche Salatpflanzen-Gruppen gibt. Wir unterscheiden die

Lattich-Gruppe und die Zichorien-Gruppe.

Die Lattich-Gruppe: Diese Pflanzen sondern eine milchige Flüssigkeit ab, sobald man den Strunk anschneidet. Sie enthalten einen äußerst geringen Anteil an Bitterstoffen. Kopf-, Eis- und Bataviasalat, die einen Kopf bilden, gehören ebenso dazu wie der groß- und langblättrige Romanasalat. Auch Schnitt- und Pflücksalate sind Lattichgewächse. Hierzulande werden die weichblättrigen Salate bevorzugt. Auch gibt es jetzt Romana-Züchtungen mit zarten Blättern. Die Bataviasorten sind Eissalate mit weniger festen Blättern. Formen- und farbenreich bieten sich noch die Blatt-, Schnitt- und Pflücksalate an, wie Eichblatt, Lollo Rosso und Lollo Bionda. Im Erwerbsbau läßt man die Pflanzen zur Rosette wachsen, im Hausgarten pflückt oder schneidet man die Blätter.
Die Zichorien-Gruppe: Diese Salate enthalten keinen Milchsaft, jedoch Bitterstoffe in unterschiedlichen Mengen. Sie haben den Vorteil, den Vitamin- und Mineralstoffhaushalt des Kopfsalates zu übertreffen. Zur Gruppe gehören glatt- und krausblättrige Endivien, Chicorée und Radicchio. Endiviensalat und Frisée bilden eine offene Pflanzenrosette. Radicchio wächst zum Kopf heran. Deshalb wird dieser Salat mit den meisten Bitterstoffen Kopf-Zichorie genannt.

Gemüsesalat mit Basilikum

Gemüsesalat mit Basilikum
Bild Seite 73

| 300g Broccoli |
| 1 Frühlingszwiebel |
| Saft von 2 Zitronen |
| 3 Bund Basilikum |
| 200 g Mayonnaise 82% F. |
| 500 g Blumenkohl |
| 200g Rotkohl |
| 1/2 Kopf Friséesalat |
| 60 g SCHWARTAU süße Mandeln, gesplittert |
| FUCHS Meersalz |
| schwarzer Pfeffer, frisch gemahlen |

1. 4 Basilikumblätter für die Garnierung beiseite legen. Den Rest in feine Streifen schneiden und zusammen mit dem Zitronensaft und Mayonnaise zu einer Salatsauce rühren. Frühlingszwiebel kleinschneiden und dazugeben. Mit Salz und Pfeffer würzen.
2. Broccoli und Blumenkohl putzen und in Röschen zerteilen. In Scheiben schneiden und 1 Minute blanchieren. Den Rotkohl putzen, in feine Streifen schneiden und ebenfalls 1 Minute blanchieren.
3. Friséesalat putzen, waschen, zerzupfen und auf 4 Tellern anrichten. Das Gemüse getrennt auf dem Friséesalat anrichten und die Salatsauce darübergießen. Die Mandeln darüberstreuen und mit Basilikum garnieren.

Pro Person etwa 579 kcal;
2418 kJ; 11 g E; 50 g F; 17 g Kh

Eichblattsalat

| 1 Kopf Eichblattsalat |
| 1 rote Paprikaschote |
| 30 g SCHWARTAU süße Mandeln, gehobelt |

Für Marinade

| Salz, weißer Pfeffer |
| 1 Prise Zucker |
| 20 ml Haselnußöl |
| 50 ml Salatöl, neutral |

1. Eichblattsalat waschen und sorgfältig abtropfen lassen. Die Blätter leicht zerpflücken. Die Paprikaschote putzen, waschen und in feine Streifen schneiden. Den Salat auf 4 Tellern anrichten und mit den Paprikastreifen garnieren.
2. Die Mandeln ohne Fett leicht anrösten und auf dem Salat verteilen.
3. Für die Marinade Haselnußöl mit Salz, frisch gemahlenem Pfeffer, Zucker und dem Salatöl mit einem Schneebesen gut verrühren. Die Salatportionen damit beträufeln. Die gerösteten Mandeln über den Salat streuen.

Pro Person etwa 232 kcal;
970 kJ; 3 g E; 22 g F; 5 g Kh

Tomaten-Kresse-Salat

| 600 g Tomaten |
| 160 g Radieschen |
| 2 Schalotten |
| 200 g Lachsschinken |
| 3 Kästchen Kresse |
| 30g milerb Kerbel |
| 300 g Joghurt-Salat-Crème |
| 1–2 Spritzer Angostura Bitter |
| frisch gemahlener weißer Pfeffer |
| Salz |

1. Tomaten waschen, putzen und achteln. Die Radieschen waschen und grob raffeln. Schalotten pellen und in feine Ringe schneiden. Den Lachsschinken in kleine Würfel schneiden. Die Kresse in einer Länge von etwa 3 cm abschneiden.
2. Die Joghurt-Salat-Crème mit Angostura Bitter und Kerbel abschmecken.
Die Salatzutaten untereinander vermischen. Die Joghurt-Salat-Crème unter den Salat heben. Mit Salz und Pfeffer abschmecken.

Pro Person etwa 167 kcal;
699 kJ; 6 g E; 8 g F; 9 g Kh

Tomaten-Kresse-Salat

Salatteller »Radicchio«

2 Radicchio-Köpfe (ca. 400 g)
3 Eier Gew.-Kl. 3
8 halbe Williams Christbirnen
a. d. Dose

Für Marinade
150 ml Schlagsahne
Salz, frischer weißer Pfeffer
1 Prise Zimt
1 TL Zucker
Haselnußöl
2 EL Kresseblättchen
zum Garnieren

1. Radicchio in Blätter teilen, große Blätter zerzupfen, waschen und in einem Sieb abtropfen lassen oder in einer Salatschleuder.
2. Für die Marinade die Sahne halbsteif aufschlagen, mit Haselnußöl, Salz, Pfeffer, Zucker und 1 Prise Zimt abschmecken.
3. Radicchioblätter auf 4 Tellern anrichten. Die Eischeiben davorlegen mit je 2 Birnenhälften. Die Marinade auf den Eischeiben und Birnen anrichten.
Mit Kresseblättchen garnieren.
Alternativ: Senfgurken statt Williams Christbirnen.

Pro Person etwa 293 kcal;
1224 kJ; 8 g E; 20 g F; 17 g Kh

Friséesalat

1 Kopf Friséesalat
8 Cocktailtomaten
100 g geraspelte Möhren

Für Marinade
2 EL Kräuterweinessig
1 TL Kümmelschnaps
60 ml Salatöl
FUCHS Zwiebelsalz, weißer Pfeffer

1. Friséesalat putzen, waschen und in einem Sieb oder Salatschleuder abtropfen lassen. Cocktailtomaten in je 4 Scheiben schneiden.
2. Friséesalat auf 4 Tellern sternförmig anrichten. Mit den Tomatenscheiben und den geraspelten Möhren garnieren.
3. Für die Marinade den Kräuterweinessig kräftig mit Zwiebelsalz und frisch gemahlenem weißen Pfeffer würzen. Kümmelschnaps und Salatöl unterschlagen. Die Marinade abschmecken und auf die Salatportionen träufeln.

Pro Person etwa 166 kcal;
696 kJ; 2 g E; 14 g F; 6 g Kh

Romanasalat mit Hähnchenbrust

2 Romanasalate (ca. 400 g)
150 g Salatgurke geschält oder
150 g dünn geschnittene Apfelscheiben
100 g Crème fraîche
80 g Sahnejoghurt
Salz, weißer Pfeffer, Senf
15 ml (1 EL) Zitronensaft
200 g Hähnchenbrust
30 g BUTARIS Butterschmalz
50 g Gemüsemais a. d. Dose
30 g Sesam-Samenkörner

1. Salate putzen, waschen und im Sieb abtropfen lassen. In grobe Stücke zerpflücken und auf 4 Teller verteilen.
2. Die geschälte Salatgurke in dünne Scheiben aufschneiden und auf die Teller vor dem Salat anlegen (oder statt der Gurkenscheiben die Apfelscheiben vor dem Salat anlegen).
3. Crème fraîche mit dem Sahnejoghurt verrühren und mit Salz, frisch gemahlenem Pfeffer, Senf und Zitronensaft abschmecken.
4. Hähnchenbrust in Scheiben schneiden und im Butterschmalz jede Seite etwa 2 Minuten braten. Danach salzen, pfeffern und auf den Gurken- oder Apfelscheiben anrichten. Die Marinade darauf verteilen und mit Gemüsemais und gerösteten Sesamsamen bestreuen.

Pro Person etwa 316 kcal;
1320 kJ; 15 g E; 22 g F; 8 g Kh

Porreesalat mit Kaviar

400 g Porree
200 g Salat-Mayonnaise 52 % F.
Meersalz
weißer Pfeffer, frisch gemahlen
1/2 Bund Dill
150/200-g-Köpfchen Radicchio
120 g Keta Kaviar oder
Forellenkaviar
200 g IGLO TK-Blätterteig
30 ml süße Sahne

1. Porree putzen und in ca. 2 cm lange Stücke schneiden. 4 Minuten blanchieren. In einem Sieb abtropfen und erkalten lassen.
2. Aus dem Blätterteig kleine Dreiecke schneiden. Backofen auf 200 °C vorheizen. Dreiecke mit Sahne bestreichen; etwa 10 Minuten backen.
3. Einen Zweig Dill fein hacken und mit der Salat-Mayonnaise verrühren. Mit Salz und Pfeffer abschmecken. Den Porree unterheben.
4. Radicchio putzen, waschen, auf 4 Tellern verteilen, den Porreesalat darauf anrichten und Kaviar darüberstreuen. Mit Dill garnieren. Blätterteig-Dreiecke dazu reichen.

Pro Person etwa 639 kcal;
2908 kJ; 12 g E; 54 g F; 34 g Kh

Porreesalat mit Kaviar

Gemüse

Gemüse-Ragout mit Kochmettwurst

(für 6 Personen)

Bild Seite 78–79

60 g klein gewürfelte Zwiebel
40 g BUTARIS Butterschmalz
400 ml LACROIX Rinder-Fond
200 g = 1 Glas LACROIX Sauce
double für helles Fleisch und
Gemüse
300 g kleine Kartoffelwürfel
150 g Porree (nur weißer Teil)
600 g = 2 IGLO TK-Packg.
Dicke Bohnen
400 g Pariser Karotten
200 g geräucherter Schinken-
speck
4 Kochmettwürste
200 g Crème fraîche
4 Eigelb Gew.-Kl. 3
Salz, frisch gemahlener weißer
Pfeffer
2–3 EL gehackte Petersilie

Zubereitung
WMF-Schnelltopf 3,0 l o. 5,0 l

1. Den Porree putzen, waschen und in dünne Scheiben schneiden. Die Pariser Karotten putzen und waschen. Den Schinkenspeck in kleine Würfel schneiden.
2. Sauce double mit dem Fond gut verrühren. Butterschmalz im Schnelltopf erhitzen und die Zwiebelwürfel darin glasig dünsten. Mit dem Fond ablöschen. Fond heiß werden lassen. Topf von der Kochstelle absetzen.
3. Die Gemüse dann in dieser Reihenfolge in den Fond geben. Die dicken Bohnen (unaufgetaut), Kartoffelwürfel, darauf die Schinkenwürfel, Porreescheiben und zuletzt die Pariser Karotten. Darauf die Kochmettwürste legen. Den Topf schließen. GAREN 2. Ring 8–10 Minuten.
4. Nach der angegebenen Zeit den Schnelltopf von der Kochstelle herunternehmen, sobald das Koch-signal sich gesenkt hat, den Topf öffnen. Die Kochmettwürste herausnehmen und warm stellen.
Das Eigelb verquirlen und unter die Crème fraîche rühren. Mit einem Holzlöffel unter das Ragout ziehen, so daß es sich mit dem Fond gut vermischt. Mit Salz und frisch gemahlenem Pfeffer abschmecken. Bei der Salzzugabe an die Mettwürste denken, die meist gut gewürzt sind! Die Mettwürste dann in Scheiben geschnitten zum Ragout geben. Zum Abschluß Petersilie unterrühren.
Dazu herzhaftes Bauernbrot reichen.

Pro Person etwa 843 kcal;
3544 kJ; 21 g E; 67 g F; 33 g Kh

Spargel »Grün-Weiß« mit Sauce Hollandaise, Lachs- und rohem Schinken

(für 4–6 Personen)

750 g weißer Spargel
750 g grüner Spargel
250 ml LACROIX Gemüse- oder
Kalbs-Fond
10 g Süßrahmbutter
2 TL Zucker
1 Prise Salz
2 Eier Gew.-Kl. 3, hart gekocht
300 g Lachsschinken
300 g rohen Schinken

Für die Sauce Hollandaise
200 g Süßrahmbutter
2 Eigelb Gew.-Kl. 3
50 ml Weißwein (trocken)
Zitronensaft
Meersalz, weißer Pfeffer
aus der Mühle

Zubereitung
WMF-Schnelltopf 3,0 l o. 5,0 l

1. Weißen Spargel sorgfältig vom Kopf nach unten schälen und holzige Enden abschneiden.
Den grünen Spargel nicht schälen, jedoch die holzigen Enden abschneiden.
2. Den Fond mit Zucker, Salz und Butter in den Schnelltopf geben. Den Spargel in den gelochten Einsatz legen und über den Fond stellen. Topf schließen.
GAREN 2. Ring 6–10 Minuten je nach Dicke.

Zubereitung Sauce
1. Die Butter zerlassen, aufkochen und den Schaum mit einem flachen Schaumlöffel abheben. Anschließend die Butter lauwarm werden lassen.
2. Eigelb, Weißwein in einer Chromstahlschüssel im Wasserbad mit dem Schneebesen schaumig schlagen. Vom Wasserbad herunternehmen und die lauwarme Butter tropfenweise unter ständigem Rühren dazugeben.
3. Mit Salz, frisch gemahlenem Pfeffer und Zitronensaft abschmecken.
4. Die Eier achteln. Die Schinken auf einer Platte anrichten. Die Sauce Hollandaise in eine Sauciere füllen. Zuletzt den Spargel wie auf dem Bild anrichten. Salzkartoffeln dazu reichen.

Für 4 Personen pro Person etwa
1004 kcal; 4209 kJ; 42 g E;
84 g F; 16 g Kh

Für 6 Personen pro Person etwa
669 kcal; 2806 kJ; 28 g E; 56 g
F; 16 g Kh

**Spargel »Grün-Weiß«
mit Sauce Hollandaise,
Lachs- und rohem Schinken**

Spargel mit Wildem Reis und Lachsschinken

1500 g Spargel
500 ml LACROIX Geflügel- oder Kalbs-Fond
15 g Süßrahmbutter
2 TL Zucker
1 Prise Salz
400 g Lachsschinken

Zutaten Wilder Reis:

100 g Wilder Reis
15 g Süßrahmbutter
1 Prise Salz
500 ml LACROIX Kalbs-Fond

Zubereitung
WMF-Schnelltöpfe für Spargel
3,0 l o. 5,0 l
für Wilden Reis 2,7 l o.
Schnellpfanne

1. Den Wilden Reis gut abspülen. Fond in den Schnelltopf gießen, Süßrahmbutter, Salz und den Wilden Reis zufügen. Topf schließen. GAREN 2. Ring 7 Minuten. Dann von der Kochstelle herunternehmen und für weitere 45 Minuten bei geschlossenem Topf ziehen lassen.
2. Den Spargel sorgfältig vom Kopf nach unten schälen. Die holzigen Enden abschneiden. Diese zusammen mit den Schalen und dem Fond in den Schnelltopf geben. Butter, Zucker und Salz zufügen. Den Spargel in den gelochten Einsatz legen und über den Fond stellen. Topf schließen. GAREN 2. Ring 7–9 Minuten je nach Dicke.
3. Den Wilden Reis abtropfen lassen und warm halten. Wer es mag, kann ihn in warmer, nicht heißer Butter schwenken.
Den Spargel mit Sauce Hollandaise oder heißer geklärter Butter, Lachsschinken und Wilden Reis anrichten.

TIP
Vom Spargelfond bereitet man eine gute Spargelsuppe. Durch ein Sieb gießen. Den Fond abschmecken und geschlagene Sahne kurz vor dem Servieren unterheben. Nicht verrühren!

Pro Person etwa 393 kcal;
1650 kJ; 28 g E; 14 g F; 32 g Kh

Alternativ:
Zum Spargel Parmaschinken dünn geschnitten reichen. Dazu Crème fraîche auf dem heißen Spargel zerlaufen lassen.

Broccoli-Blumenkohl-Röschen mit Käsesauce

(für 4–6 Personen)

750 g Blumenkohl
750 g Broccoli
oder IGLO TK-Broccoli
Salz, weißer Pfeffer, Muskat
300 ml LACROIX Gemüse-Fond
20 g Butter
3 l Wasser zum Blanchieren
200 ml (1 Glas) LACROIX Sauce double für helles Fleisch und Gemüse
200 ml süße Sahne
1 g Safran
10 g Butter
1 TL milerb Petersilie
60 g geriebener Emmentaler

Zubereitung
WMF-Schnelltopf 3,0 l o. 5,0 l

1. Blumenkohl putzen, Blätter und schlechte Teile entfernen. In Röschen teilen und waschen. In den Schnelltopf Gemüse-Fond gießen, eine Prise Salz, Muskat und Butter zugeben. Die Blumenkohlröschen im gelochten Einsatz über den Fond stellen. Topf schließen. GAREN 2. Ring 3–4 Minuten.
2. Den Broccoli putzen. Die Röschen mit den zarten Stielen und Blättchen verwenden. Große Blätter sowie harte Stiele entfernen. Broccoli waschen. Salzwasser zum Kochen bringen und Broccoli hineingeben. 2 Minuten blanchieren. Broccoli herausnehmen. Um die grüne Farbe zu erhalten, sofort in Eiswasser abkühlen.
3. Blumenkohlröschen aus dem Einsatz herausnehmen und warm stellen. Den blanchierten Broccoli in den gelochten Einsatz geben und über den Fond im Schnelltopf stellen. Topf schließen. GAREN 2. Ring 5–7 Minuten. Nach dem Garen mit dem Schaumlöffel den Broccoli herausnehmen und warm stellen.
4. Blumenkohlröschen und Broccoli auf einer Platte anrichten. Die Käsesauce zugeben.
Dazu schmecken karamelisierte Kartoffeln.

Zubereitung Käsesauce
Die Sahne erhitzen, Sauce double unterrühren, kurz aufkochen, vom Kochfeld herunternehmen, Safran einrühren, Butter, Petersilie und Emmentaler unterrühren. Abschmecken und falls erforderlich mit Salz und/oder Pfeffer nachwürzen.

Für 4 Personen pro Person etwa
414 kcal; 1740 kJ; 17 g E,
28 g F; 22 g Kh

Für 6 Personen pro Person etwa
276 kcal; 1160 kJ; 12 g E;
18 g F; 15 g Kh

Speckbohnen mit Apfel

700 g frische junge Brechbohnen
oder
600 g (2 Pckg. à 300 g) IGLO
TK-Junge Brechbohnen
300 g Äpfel (Boskop)
20 g BUTARIS Butterschmalz
50 g Zwiebel, klein gewürfelt
40 g geräucherter Speck gewürfelt
250 ml LACROIX Rinder-Fond
20 ml Zitronensaft
2 TL Zucker
Salz,
schwarzer Pfeffer aus der Mühle

Zubereitung
WMF-Schnelltopf 3,0 l o. 5,0 l

1. Frische Bohnen waschen, entfädeln und in gleichgroße Stücke brechen. Äpfel waschen, schälen, achteln und in dünne Scheiben schneiden. Damit sie nicht braun werden, mit Zitronensaft bestreichen.
2. Das Butterschmalz im Schnelltopf erhitzen, die Zwiebelwürfel und die Speckwürfel darin glasig andünsten. Mit dem Rinder-Fond ablöschen. Von der Kochstelle nehmen. Die Bohnen (TK-Bohnen unaufgetaut) dazugeben. Zucker, Salz und Pfeffer aufstreuen. Apfelscheiben darauf verteilen. Topf schließen. GAREN 2. Ring 5–6 Minuten.
Vor dem Servieren abschmecken.
3. Mit Bratwurst und in Butter geschwenkten Petersilienkartoffeln servieren.

Pro Person etwa (ohne Bratwurst und Kartoffeln) 233 kcal; 978 kJ; 5 g E, 13 g F; 24 g Kh

Alternativ:
Für die Äpfel 500 g Augustbirnen (Bergamotte-Birnen) verwenden. Die Birnen waschen, die Blüten herausschneiden, halbieren und im Schnelltopf auf die Bohnen legen. Weiter verfahren, wie im Rezept vorgeschrieben.

Gemüsetopf Gärtnerin

250 g magerer geräucherter
Speck
1 Zwiebel, mittelgroß
25 g BUTARIS Butterschmalz
250 ml LACROIX Waldpilz-Fond
600 g IGLO Grüne Küche 2 Packg.
TK-Junge Brechbohnen
300 g IGLO Grüne Küche 1 Packg.
TK-Junge Erbsen
1 Prise Zucker
Salz, weißer Pfeffer
je 1 Msp. Thymian und Majoran
400 g Tomaten
400 g Zucchini
je 1 EL IGLO Grüne Küche TK-Petersilie und TK-Schnittlauch

Zubereitung
WMF-Schnelltopf 3,0 l o. 5,0 l

1. Zwiebel schälen und würfeln. Den Speck in kleine Würfel schneiden. Butaris im Schnelltopf erhitzen und die Zwiebel- und Speckwürfel darin andünsten. Sie dürfen keine Farbe annehmen. Mit Waldpilz-Fond abschrecken und im offenen Topf heiß werden lassen.
2. Brechbohnen und Erbsen unaufgetaut zusammen mit den Gewürzen in den heißen Fond geben. Topf schließen.
GAREN 2. Ring 4 Minuten.
3. Zucchini waschen und ungeschält in etwa 1 cm dicke Scheiben schneiden. Die Tomaten kurz in kochendes Wasser tauchen. Haut abziehen und Fleisch in Würfel schneiden.
4. Den Schnelltopf nach 4 Minuten von der Kochplatte nehmen und warten, bis sich das Kochsignal gesenkt hat. Dann Topf öffnen, Zucchinischeiben und Tomatenwürfel zugeben. Topf schließen. GAREN 2. Ring 3 Minuten.

Nach dem Garen den Topf von der Kochstelle nehmen.
Wenn sich das Kochsignal gesenkt hat, noch 5 Minuten stehenlassen. Vor dem Servieren abschmecken.

Beilagenempfehlung: Spätzle

Pro Person etwa 550 kcal; 2310 kJ; 15 g E; 44 g F; 30 g Kh

TIP
Sie sparen Zeit und Geld! Verdoppeln Sie das Rezept und frieren Sie einen Vorrat in Toppits-Gefrierdosen oder in Toppits-Gefrier- und -Kochbeutel ein.

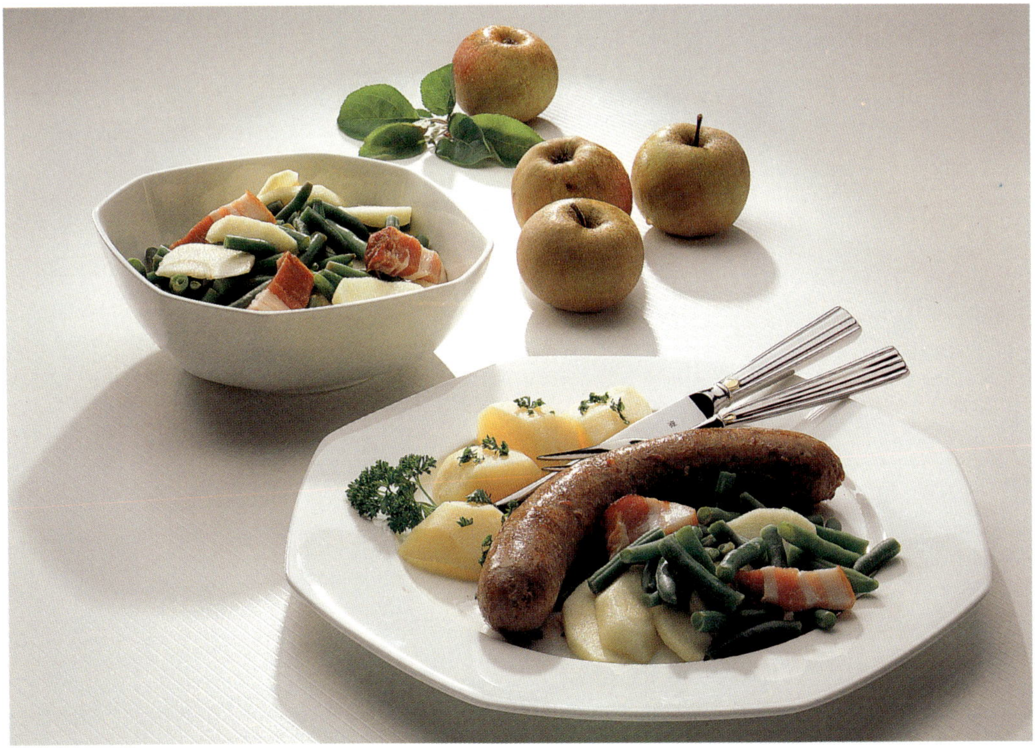

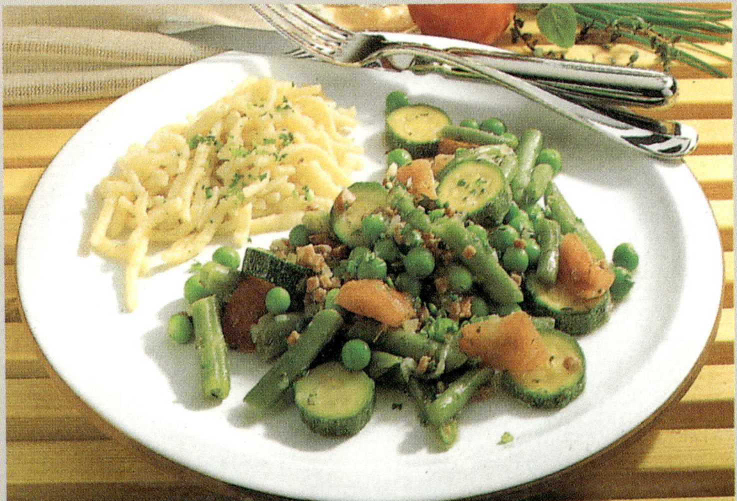

Kohlrouladen

ca. 1000 g Weißkohl
400 g Hackfleisch, 1/2 Rind- +
1/2 Schweinefleisch
50 g Zwiebeln gehackt
1 Ei Gew.-Kl. 3
1/2 Semmel, eingeweicht
FUCHS schwarzer Pfeffer, Muskat
30 g BUTARIS Butterschmalz
400 ml LACROIX Rinder-Fond
2 TL Tomatenmark
1 Prise Kümmel
200 g LACROIX Sauce double
für dunkles Fleisch

Zubereitung
WMF-Schnelltopf 3,0 l o. 5,0 l

1. Den Kopf Weißkohl 10 Min. in Salzwasser kochen. Blätter ablösen und abtropfen. Die eingeweichte Semmel mit Ei, Gewürzen, Zwiebeln und Hackfleisch vermengen. 4 Rollen daraus formen, mit Kohlbätter umwickeln, mit Rouladennadeln zusammenhalten. Die Kohlrouladen im heißen Butterschmalz rundum anbraten. Heißen Rinder-Fond zugießen, Tomatenmark und Kümmel zugeben. Topf schließen.
GAREN 2. Ring 8 Minuten.
2. Die Kohlrouladen herausnehmen, warm stellen. Sauce double in den Bratenfond mit einem Schneebesen bei mittlerer Hitze unterschlagen. Abschmecken.
Beilagenempfehlung: Kartoffelpüree, Salzkartoffeln.

Pro Person etwa 528 kcal;
2218 kJ; 26 g E; 38 g F; 20 g Kh

Irish Stew

600 g Weißkohl
250 g Zwiebeln
250 g Kartoffeln
500 g Lammfleisch ohne Knochen
aus der Schulter
400 ml (1 Glas) LACROIX Lamm-
Fond
1/2 Bund Petersilie oder
IGLO Grüne Küche Petersilie
1/2 TL FUCHS Kümmel, ganz
FUCHS Meersalz, weißer Pfeffer

Zubereitung
WMF-Schnelltopf 3,0 l o. 5,0 l

1. Vom Weißkohl die schlechten Blätter entfernen, Kopf vierteln, Strunk herausschneiden, Kohl in feine Streifen schneiden, waschen und gut abtropfen lassen. Kartoffeln und Zwiebeln schälen und in Würfel schneiden. Das Lammfleisch würfeln.
2. Alles im Schnelltopf abwechselnd mit Kümmel schichten. Jede Schicht mit Salz und Pfeffer würzen und etwas Petersilie aufstreuen. Zum Abschluß den Lamm-Fond zugießen. Den Schnellkochtopf schließen.
GAREN 2. Ring 12–15 Minuten.

Pro Person etwa 512 kcal;
2139 kJ; 25 g E; 34 g F; 24 g Kh

Holsteiner Topf

500 g Rinder-Brustkern
40 g BUTARIS Butterschmalz
800 ml = 2 Gläser LACROIX
Rinder-Fond
150 g Schalotten, gewürfelt
150 g Porree
2 Pckg. à 300 g IGLO TK-Sommer-
gemüse
150 g Kohlrabi
1 Pckg. à 300 g IGLO TK-Rosenkohl
Salz, Muskat, weißer Pfeffer

Zubereitung
WMF-Schnelltopf 3,0 l o. 5,0 l

1. Porree waschen und aus weißem Teil Ringe schneiden; Kohlrabi in Streifen schneiden. Rinder-Brustkern in Würfel schneiden.
2. Butterschmalz im Schnelltopf erhitzen. Das gewürfelte Rindfleisch mit den gehackten Schalotten andünsten. Den in einem anderen Topf erhitzten Rinder-Fond dazugießen. Topf schließen.
GAREN 2. Ring 5 Minuten.
Dann den Topf nach Vorschrift öffnen. Das vorbereitete Gemüse zusammen mit dem TK-Gemüse (letzteres unaufgetaut) in den Schnelltopf geben. Topf schließen.
GAREN 2. Ring weitere 7–8 Minuten.
3. Den Holsteiner Topf mit den Gewürzen abschmecken.
Dazu schmeckt deftiges Bauernbrot.

Pro Person etwa 487 kcal;
2044 kJ; 34 g E; 36 g F; 23 g Kh

Oben: **Irish Stew**

Unten: **Holsteiner Topf**

Gemüsetorte mit Spargel und Broccoli

Für den Teig:

1 Pckg. à 300 g IGLO TK-Blätterteig

Für den Belag:

300 g weißer Spargel
250 g Broccoli
3 Schalotten, fein gehackt
100 g Zucchini
2 TL milerb Schnittlauch
50 ml süße Sahne (30%)
250 ml Sauce Hollandaise
(Seite 82)
oder 1 Päckchen Thomy Sauce
Hollandaise (250 ml)
1 Eigelb Gew.-Kl. 3
1 Ei Gew.-Kl. 3
20 g Greyerzer Käse, gerieben
Salz, weißer Pfeffer, Muskat

> Zubereitung ZENKER BACK-FORM mit Glasboden

1. Eine Backform (ZENKER-Form mit Glasboden Ø 26 cm) ausbuttern und mit Mehl bestäuben.
2. Blätterteig auftauen. Den Teig danach ausrollen und die Backform damit auslegen. Boden und Rand gut andrücken. Den überlappenden Teig abschneiden. Den Boden mit einer Gabel mehrmals einstechen.
3. Spargel schälen und in 3 cm lange Stücke schneiden. Broccoli in Röschen zerlegen und putzen. Die geputzten Zucchini längs halbieren und in Scheiben schneiden. In leicht gesalzenem Wasser den Spargel und die Broccoliröschen etwa 4–5 Minuten ankochen. Danach sofort in kaltem Wasser abschrecken. In einem Sieb abtropfen lassen.
4. Spargel, Broccoli, Zucchini mit den feingehackten Schalotten in einer Schüssel vorsichtig mischen. Ei verquirlen, Eigelb, Sahne und 150 ml Sauce Hollandaise unterrühren, den Käse beigeben und mit Salz, Pfeffer aus der Mühle und ge-

riebener Muskatnuß würzen. Dann unter das Gemüse heben und zusammen auf dem Kuchenboden verteilen.
5. Im auf 180°C vorgeheizten Backofen in ca. 45–50 Minuten goldgelb backen.
Die restliche Sauce Hollandaise erhitzen. Die Gemüsetorte aus dem Ofen nehmen. Den Formenring lösen. Die Gemüsetorte auf dem Glasboden der Tortenform zusammen mit der Sauce Hollandaise servieren.

> 1 Stück Gemüsetorte etwa
> 320 kcal; 1342 kJ; 7 g E;
> 25 g F; 16 g Kh

Broccoli-Blumen-kohl-Torte

Für Mürbeteig:

125 g Weizenmehl Type 405
75 g KÖLLN Instant-Flocken
1/2 TL (3 g) FUCHS Meersalz
150 g kalte Butter
3 EL Eiswasser
20 g BUTARIS Butterschmalz
2 EL KÖLLN's Echte Kernige

Für Tortenbelag:

300 g Blumenkohlröschen
200 g Broccoliröschen
2 Eier Gew.-Kl. 3
200 ml Milch
100 ml süße Sahne
50 g Instant-Weizenmehl
FUCHS Meersalz, Muskatnuß,
frisch gemahlener weißer Pfeffer

> Zubereitung Mürbeteig
> 1 Quicheform 18/20 cm Ø oder ZENKER-Springform

1. Mehl, Haferflocken, Salz, die in kleine Stücke geteilte Butter und das Eiswasser rasch zu einem glatten Teig verkneten. In Pergamentpapier oder MELITTA Alufolie einschlagen. Im Kühlschrank 1–2 Stunden ruhenlassen.

Zubereitung Tortenbelag
1. Blumenkohl- und Broccoliröschen in einem Sieb zwei Minuten von kochendem Wasser überwallen lassen und kalt abschrecken. Anschließend abtropfen lassen.
2. Mit dem Mürbeteig die Form auslegen. Mit einer Gabel den Boden mehrmals einstechen.
Butterschmalz in einer kleinen Pfanne erhitzen und die KÖLLN's Echte Kernige Haferflocken darin anrösten, mit Salz würzen und auf dem Teigboden verteilen. Darauf die abgetropften Blumenkohl- und Broccoliröschen ebenfalls verteilen.
Aus Eiern, Instant-Weizenmehl, Milch und Sahne einen Guß verquirlen. Mit

Salz, Pfeffer und Muskatnuß würzen und über die Blumenkohl- und Broccoliröschen gießen. Im vorgeheizten Backofen bei 200 °C auf der untersten Stufe etwa 25–30 Minuten backen. Heiß servieren.

> 1 Stück Gemüse-Torte etwa
> 402 kcal; 1688 kJ; 9 g E;
> 10 g F; 19 g Kh

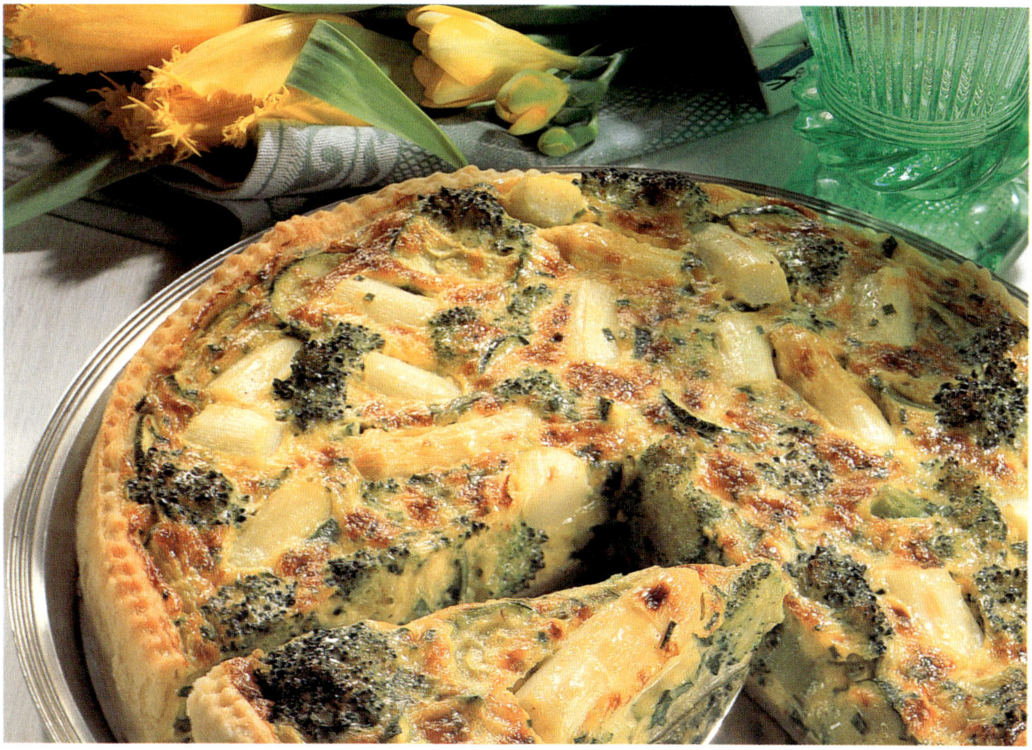

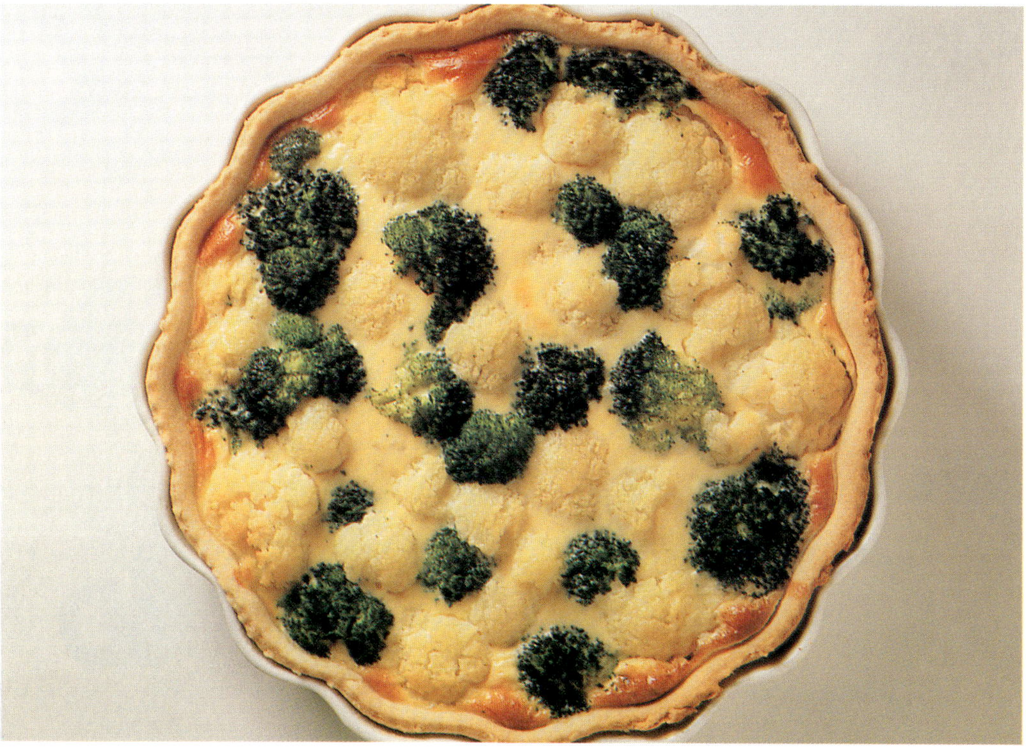

Grünkohl mit geräucherter Mettwurst

100 g magerer geräucherter
Schinkenspeck
80 g Zwiebeln, feingehackt
30 g Schweineschmalz
600 g IGLO TK-Grünkohl grob gehackt
250 g LACROIX Gemüse-Fond
3 TL Zucker
Salz, schwarzer Pfeffer, Muskat
4 geräucherte Mettwürste

> Zubereitung
> WMF-Schnelltopf 2,7 l o. 3,0 l

1. Schinkenspeck in kleine Würfel schneiden. Schweineschmalz im Schnelltopf erhitzen und die Speckwürfel und gehackten Zwiebeln darin anrösten. Grünkohl unaufgetaut hinzugeben.
Zucker, Salz, frisch gemahlenen Pfeffer und Muskat zugeben. Den heißen Gemüse-Fond angießen. Die Mettwürste auf den Grünkohl legen. Topf schließen.
GAREN 2. Ring 13–14 Minuten.

Zum Grünkohl schmecken sehr gut karamelisierte Kartoffeln. Dazu werden gebraucht:

600 g kleine, runde, festkochende, möglichst gleichgroße Kartoffeln
30 g BUTARIS Butterschmalz
1 Prise Salz, 30 g feinen Zucker

> Zubereitung
> WMF-Schnelltopf 2,7 l und
> Schnellpfanne

In den Schnelltopf 250 ml Wasser geben. Die Kartoffeln in den gelochten Einsatz legen und über das Wasser stellen. Topf schließen.
GAREN 2. Ring 8–10 Minuten.
Topf nach Vorschrift öffnen. Die Kartoffeln erkalten lassen und pellen. In der Schnellpfanne das Butter-

Wintereintopf

600 g magerer Schweinebauch
60 g Zwiebeln, grob gewürfelt
30 g BUTARIS Butterschmalz
750 ml LACROIX Kalbs-Fond
FUCHS Meersalz
200 g Möhren
400 g Steckrüben
200 g Kartoffeln
1 Lorbeerblatt
1 Strauß Majoran
weißer Pfeffer aus der Mühle

> Zubereitung
> WMF-Schnelltopf 3,0 l o. 5,0 l

1. Steckrüben und Möhren putzen, waschen und schälen. Schweinebauch in daumendicke Würfel schneiden. Butterschmalz im Schnelltopf erhitzen .Die Fleischwürfel darin rundherum anbraten. Zwiebelwürfel mitbräunen. Mit Salz und weißem Pfeffer würzen, 1 Lorbeerblatt zugeben. Den in einem anderen Topf heißgemachten Fond zugießen. Topf schließen.
GAREN 2. Ring 5–6 Minuten.
In dieser Zeit die Kartoffeln schälen und vierteln.
Den Topf nach Vorschrift öffnen.

Blumenkohl mit Rinderhack-Füllung

(für 4–6 Personen)

1 großer Blumenkohl
100 g durchwachsener Speck
50 g Zwiebeln
60 g BUTARIS Butterschmalz
250 g Rinderhack
1 Ei Gew.-Kl. 3
2 EL Semmelbrösel
FUCHS Meersalz, Pfeffer
1/2 Tasse feingehackte Kräuter
(Petersilie + Schnittlauch)
250 ml süße Sahne

6 Korianderkörner
150 g Edelpilzkäse
500 ml LACROIX Gemüse-Fond

> Zubereitung
> WMF-Schnelltopf 3,0 l o. 5,0 l

1. Vom Blumenkohl grüne Blätter entfernen, waschen und 10 Minuten in Salzwasser legen.
Inzwischen Speck und Zwiebeln würfeln. Im Butterschmalz glasig dünsten. Zum Hackfleisch geben und mit Ei, Semmelbröseln, Salz, Pfeffer und Kräutern vermengen.
2. Mit der Fleischmasse von der Unterseite alle Zwischenräume des Blumenkohls füllen und stopfen.
3. Im Schnelltopf den Gemüse-Fond erhitzen. Topf dabei nicht schließen! Den gelochten Einsatz über den heißen Fond stellen, den Blumenkohl darauf legen. Topf schließen.
GAREN 2. Ring 7–8 Minuten.

schmalz erhitzen, die Kartoffeln hineingeben und unter Wenden hellbraun werden lassen. Dann Salz und Zucker darüberstreuen und so lange karamelisieren, bis jede Kartoffel rundum braun ist und schön glänzt. Vor dem Servieren den Grünkohl mit Salz, Zucker und Muskat abschmecken.

Pro Person etwa ohne karamelisierte Kartoffeln 474 kcal; 1990 kJ; 10 g E; 40 g F; 14 g Kh

Pro Person etwa mit karamelisierte Kartoffeln 703 kcal; 2948 kJ; 13 g E; 47 g F; 49 g Kh

2. Gemüse und Kartoffeln zufügen. Den Topf schließen.
GAREN 2. Ring 5–6 Minuten.
Topf nach Vorschrift öffnen. Das Lorbeerblatt entfernen und die Blättchen vom Sträußchen Majoran zufügen. Sofort heiß servieren.

Pro Person etwa 580 kcal; 2436 kJ; 32 g E; 40 g F; 17 g Kh

4. Für die Käsesauce Sahne in einer Sauteuse erhitzen, mit Korianderkörnern würzen und 15–20 Minuten einkochen. Den Edelpilzkäse kleinschneiden und in der Sahne auflösen. Den Blumenkohl quer in Scheiben schneiden und zusammen mit der cremigen Käsesauce servieren.

Für 6 Personen pro Person etwa 611 kcal; 2557 kJ; 23 g E; 50 g F; 12 g Kh

Für 4 Personen pro Person etwa 917 kcal; 3836 kJ; 35 g E; 75 g F; 17 g Kh

Fleisch, Geflügel und Wild

Sächsischer Schmorbraten mit Vogtländer Klößen

(für 4–6 Personen)

Zutaten Vogtländer Klöße:

1,2 kg Kartoffeln
125 g Weißbrot
125 ml Vollmilch
1 Ei Gew.-Kl. 3
100 g magerer Speck

Zutaten Schmorbraten:

1 kg Ochsenfleisch aus der Hüfte
50 g fetter Speck
Salz, Pfeffer
30 g BUTARIS Butterschmalz
60 g Zwiebeln
1 Bund Suppengrün
1 EL Speisestärke
1 EL LACROIX »Le bœuf d'or«
kräftige Rindfleisch-Basis
3 EL Tomatenmark

Zubereitung
WMF-Schnelltopf 2,7 l

Zubereitung Schmorbraten

Das Fleisch mit dem Speck spicken. Im Schnelltopf Butterschmalz erhitzen und das Fleisch rundherum goldbraun anbraten. Die kleingeschnittenen Zwiebeln leicht bräunen. Das Suppengrün zugeben und mit Mehl bestäuben Mit 1/4 Liter heißem Wasser ablöschen. Rindfleisch-Basis und Tomatenmark zugeben. Topf schließen.
GAREN 2. Ring 30–35 Minuten. Fleisch aus dem Topf nehmen, warm stellen und noch 10 Minuten ruhenlassen. Dann erst aufschneiden. Suppengrün aus dem Fond herausnehmen. Den Fond abschmecken. Wer es mag, kann den Fond etwas einkochen oder mit Stärkemehl und etwas Sahne binden.

Zubereitung Klöße
(müssen 1 Tag stehen)
WMF-Schnelltopf 3,0 l

---

1. Die rohen Kartoffeln reiben. Die Masse in einer Schüssel glattstreichen, mit etwa 1/2 Liter Wasser übergießen. Zugedeckt einen Tag stehenlassen.
2. Am nächsten Tag über eine Schüssel locker ein Tuch spannen. Die Kartoffelmasse daraufgießen und gut ausdrücken. Das ausgedrückte Wasser eine Zeit stehenlassen. Am Topfboden setzt sich dabei die Kartoffelstärke ab, die der Kartoffelmasse zugegeben wird. Das Ei mit heißer Milch glattrühren und der Kartoffelmasse entsprechend Salz unterrühren. Speck würfeln, ebenfalls das Weißbrot. Die Speckwürfel auslassen und die Weißbrotwürfel darin bräunen. Die Kartoffelstärke und die Brotwürfel zur Kloßmasse. geben. Gleichgroße Klöße formen.
In den Schnelltopf 1/4 Liter Wasser geben. Die Klöße in den gelochten Einsatz legen und auf das Wasser stellen. Topf schließen.
GAREN 2. Ring 8–10 Minuten.

Pro Person etwa 779 kcal;
3191 kJ; 46 g E; 36 g F; 54 g Kh

Rindfleischbällchen in Kräuterrahm

500 g Rinderhackfleisch
1 Ei Gew.-Kl. 3
frisch gemahlener Pfeffer
Salz
1 altbackenes Brötchen, eingeweicht und ausgedrückt
500 ml LACROIX Rinder-Fond
200 ml Sauerrahm
4 EL IGLO Grüne Küche 8-Kräuter

Zubereitung
WMF-Schnelltopf 3,0 l o. 5,0 l

---

1. Rinderhackfleisch mit Ei, Pfeffer, Salz und Brötchen verkneten und zu 8–10 Klößen formen.
2. Rinder-Fond im Schnelltopf aufkochen (nicht mit Deckel schließen!). Die Klöße in den gelochten Einsatz legen, über den Fond stellen und Topf schließen.
GAREN 2. Ring 7–8 Minuten.
3. Einsatz mit den Klößen herausnehmen und warm stellen. Den Fond auf ein Drittel einkochen. Sauerrahm unterziehen. Die Sauce muß cremig werden. Zuletzt die Kräuter zugeben und abschmecken.

Beilagenempfehlung: Bandnudeln und Feldsalat.

Pro Person etwa 423 kcal;
1768 kJ; 25 g E; 30 g F; 8 g Kh

TIP
Rindfleischbällchen können auf Vorrat in Toppits-Gefrierdosen oder -Gefrierbeutel zusammen mit dem Fond eingefroren werden. Die Sauce dann erst nach dem Auftauen zubereiten.

Oben: Sächsischer Schmorbraten mit Vogtländer Klößen

Unten: Rindfleischbällchen in Kräuterrahm

Rinderfilet gedämpft mit Pariser Karotten

Bild Seite 92/93

Anmerkung: Für dieses Rezept brauchen Sie außer einen Schnelltopf einen Backofen, in dem Sie konstant eine Temperatur von 75–80°C für etwa 2 Stunden halten können.

600 g Rinderfilet-Mittelstück, gut abgehangen
50 g BUTARIS Butterschmalz
60 g Schalotten, klein gewürfelt
FUCHS Meersalz
frisch gemahlener schwarzer Pfeffer
400 ml LACROIX Kalbs-Fond

Für die Sauce
200 ml Rotwein (Burgunder)
200 ml LACROIX Sauce double
für dunkles Fleisch und Wild
100 g Crème fraîche
1 EL Dijon-Senf
Meersalz
frisch gemahlener weißer Pfeffer
150 ml geschlagene Sahne
(ohne Zucker)

Die Garzeit im Schnelltopf ist unbedingt einzuhalten. Sollten Sie die Zeit im Backofen überschreiten, wird das Rinderfilet keinen Schaden nehmen. Das Rinderfilet ist und bleibt saftig und herzhaft im Geschmack. Man nennt diese Garmethode auch Tiefgaren. Sie eignet sich für alle Fleischstücke, die nicht durchgebraten bzw. nicht durchgegart werden. Sie eignet sich besonders gut für Rinderfilets, Entrecote, Kalbsfilets, Lammkeule, Kaninchenrücken, Rehkeule, Ente und Fasan.

Zubereitung
WMF-Schnelltopf 2,7 l o. 3,0 l
Backofen der konstant
75–80°C über 2 Stunden hält

1. Für das Tiefgaren den Backofen auf 75–80°C vorheizen.
2. Im Schnelltopf Butterschmalz

erhitzen, Schalottenwürfel glasig anbraten. Das Filet inzwischen waschen, trockentupfen und mit Salz und Pfeffer würzen.
3. Mit den Kalbs-Fond die Schalotten abschrecken. Fond aufkochen. Das Filet im gelochten Einsatz über den heißen Fond stellen. Topf schließen. GAREN 2. Ring 8–10 Minuten. Topf dann sofort von der Kochstelle herunternehmen. Topf nach Vorschrift öffnen. Das Filet in eine Sauteuse geben und 90 Minuten in den vorgeheizten Backofen stellen. Nicht abdecken!
4. Den Fond aus dem Schnelltopf durch ein Sieb gießen, und ihn für die Zubereitung der Pariser Karotten oder des Rosenkohl nutzen. $1/4$ Stunde bei TK-Gemüse, $1/2$ Stunde bei frischem Gemüse vor Ende der Backofenzeit für das Filet, das Gemüse im Schnelltopf garen. Dafür den Fond im Topf für die Karotten mit Zucker, für den Rosenkohl mit Muskat abschmecken. Fond erhitzen und das Gemüse im gelochten Einsatz über den heißen Fond stellen. Den Topf schließen. GAREN 2. Ring 5–6 Minuten. Vor dem Servieren das Gemüse in Butter schwenken.

Zubereitung Sauce
In einer Sauteuse den Rotwein erhitzen und mit dem Schneebesen die Sauce double unterschlagen. Crème fraîche unter weiterschlagen, zugeben. Mit Senf, Salz und weißem Pfeffer abschmecken. Zum Schluß die geschlagene Sahne unterheben. *Servieren:* Das Fleisch aufschneiden und zusammen mit dem Gemüse auf einer Platte anrichten. Die Sauce in eine Sauciere füllen. Dazu Petersilienkartoffeln reichen.

Rinderfilet pro Person etwa
315 kcal; 1319 kJ; 30 g E;
19 g F; 2 g Kh

Sauce pro Person etwa 262 kcal;
1100 kJ; 2 g E; 21 g F; 8 g Kh

Pariser Karotten pro Person etwa
130 kcal; 544 kJ; 2 g E; 8 g F;
11 g Kh

Rosenkohl pro Person etwa
155 kcal; 650 kJ; 7 g E; 9 g F;
10 g Kh

Filetsteak mit Kirschen

4 Rinder-Filetsteaks à 150 g
40 g BUTARIS Butterschmalz
400 g Schattenmorellen ohne Stein
100 ml Burgunder
150 ml süße Sahne
FUCHS Meersalz, schwarzer Pfeffer
1 Btl. SCHWARTAU Orange-Back
Zucker zum Abschmecken

Zubereitung
WMF-Schnellpfanne

1. Im heißen Butterschmalz die Steaks auf beiden Seiten zwei Minuten anbraten. Herausnehmen und warm halten.
2. Die abgetropften Kirschen zusammen mit dem Rotwein in den Bratenfond geben. Mit Salz und Pfeffer abschmecken, 1–2 TL Orangen-Back hinzufügen, kurz aufkochen und die Sahne zugießen. Nicht mehr kochen lassen! Abschmecken und die Steaks in die Sauce legen. 3–4 Minuten darin ziehen lassen. Feldsalat in Zitronenmarinade und Weißbrot dazu reichen.

Pro Person etwa 644 kcal;
2700 kJ; 36 g E; 34 g F;
36 g Kh

Tournedos in Cognaccrème mit Butterkohlrabi

Anmerkung:
Bratzeit für Tournedos 2,5–5 cm dick

halbroh, blutigroh	5–6 Minuten
halbgar, rosa	8–9 Minuten
vollgar, saftig grau	12–13 Minuten

4 bratfertige Rinderfilet- Tournedos je 15 g
40 g BUTARIS Butterschmalz
40 g Butter
Salz, schwarzer Pfeffer frisch gemahlen

Für Cognaccrème
100 ml LACROIX Kalbs-Fond
200 ml Cognac
200 ml LACROIX Sauce double für helles Fleisch
100 g geschlagene Sahne (ohne Zucker)
Salz

1 EL frisch gestoßener schwarzer Pfeffer

> Zubereitung
> WMF-Schnellpfanne

1. Tournedos mit Salz und frisch gemahlenem Pfeffer würzen. In der Schnellpfanne Butterschmalz hoch erhitzen. Tournedos auf beiden Seiten goldbraun anbraten. Die Hitze reduzieren und langsam weiterbraten. Mehrmals umdrehen. Nach halber Garzeit Butterschmalz abgießen und die Butter nach und nach zugeben. Bratzeit siehe Anmerkung! Tournedos beim Braten nur mit einer Palette wenden. Sobald die Garzeit erreicht ist, die Tournedos auf ein Gitter setzen und warm stellen.
2. Für die Cognaccrème den Kalbs-Fond in den Schnelltopf zum Bratenfett gießen und aufkochen. Mit einem Schneebesen die Sauce double unterschlagen. Dabei den

Cognac nach und nach zugeben. Solange mit dem Schneebesen weiterschlagen, bis die Masse cremig ist. Abschmecken und die geschlagene Sahne zusammen mit dem gestoßenen Pfeffer unterheben.

Servieren: Die Tournedos auf vorgewärmten Tellern anrichten. Die Cognaccrème gleichmäßig darauf verteilen. Dazu die in Butter geschwenkten Kohlrabi und Salzkartoffeln reichen.

> Butterkohlrabi pro Person etwa 115 kcal; 482 kJ; 3 g E; 8 g F; 7 g Kh

> Tournedos in Cognaccrème ohne Butterkohlrabi pro Person etwa 565 kcal; 2362 kJ; 30 g E; 33 g F; 1 g Kh

Filetbraten »Burgund« mit Kartoffel-Schwarz- wurzel-Gemüse

(für 6 Personen)

800 g Rinderfilet
FUCHS Meersalz
Senf, schwarzer Pfeffer
Rosenpaprika
1 Ei Gew.-Kl.3
1 EL gehäuft, Semmelbröseln
2 Eiweiß Gew.-Kl.3
2 EL Senfpulver
2 Bd. Schnittlauch
20 ml Öl
125 ml Rotwein (Burgunder)
125 ml Wasser
125 ml saure Sahne
6 g Speisestärke
600 g Schwarzwurzeln
2 EL Zitronensaft
1 EL Weizenmehl (Instant)
500 g Kartoffeln
150 g Karotten
40 g Butter

40 g Weizenmehl (Instant)
125 ml süße Sahne

Zubereitung
WMF-Schnelltopf 2,7 l o. 3,0 l

1. Filet abtupfen, mit Gewürzen einreiben und gut 1 Stunde ziehen lassen.
2. Schwarzwurzeln unter fließendem Wasser gründlich abbürsten und schälen. In Stücke schneiden und sofort in mit Zitronensaft und Mehl vermischtes Wasser legen, damit sie nicht schwarz werden.
3. Die Kartoffeln schälen und in dicke Stifte schneiden.
4. $1/4$ Liter Wasser im Schnelltopf ohne Deckel aufkochen. Die abgetropften Schwarzwurzeln und Kartoffelstifte mit einer Prise Salz und 1 EL Zitronensaft in das heiße Wasser geben. Topf schließen.
GAREN 2. Ring 4–5 Minuten.

Zubereitung Filet »Burgund« WMF-Schnelltopf 2,7 l

5. Eiweiß steifschlagen. Die Karotten raspeln. Die Schnittlauchröllchen in feine Röllchen schneiden. Das Ei verschlagen und mit den Semmelbröseln vermengen. Die Hälfte der Schnittlauchröllchen zusammen mit den Karottenraspeln und der Semmelbröselmasse unter das Eiweiß heben. Mit der fertigen Masse das Filet rundherum einstreichen.
6. Öl im Topf erhitzen. Das Filet von allen Seiten gut anbraten. Mit Rotwein und heißem Wasser ablöschen. Topf schließen.
GAREN 2. Ring 18–20 Minuten (je nach Beschaffenheit des Fleisches).
7. Butter zerlassen und das Weizenmehl unter Rühren so lange darin erhitzen, bis es hellgelb ist. Die süße Sahne und gleiche Menge vom Schwarzwurzelsud hinzugießen. Mit dem Schneebesen durchschlagen.

Tafelspitz mit Meerrettich-Rosinen- Sauce

800 g Tafelspitz (Rindfleisch aus der Keule)
600 ml (1 1/2 Glas) LACROIX Rinder-Fond
150 g Suppengrün
1 gelbe Zwiebel
1/2 Lorbeerblatt
40 g BUTARIS Butterschmalz
40 g AURORA Instant-Weizenmehl
370 ml LACROIX Kalb-Fond
125 ml süße Sahne
30 g frisch geriebenen Meerrettich oder aus dem Glas
Salz
10 g Zucker
2 EL Zitronensaft
60 g Sultaninen
150 g SCHWARTAU Wild-Preiselbeeren
4–8 Mürbeteig-Torteletts

Zubereitung Tafelspitz
WMF-Schnelltopf 3,0 l
besser 5,0 l

1. Fleisch waschen und abtrocknen.
2. Suppengemüse putzen, waschen, grob zerkleinern.
3. Fond zum Kochen bringen.
4. Zwiebel in dicke Scheiben schneiden und ohne Fett hell bräunen.
5. Das Fleisch mit dem Suppengemüse, Zwiebelscheiben und Lorbeerblatt in den heißen Fond geben, zum Kochen bringen und abschäumen. Den Schnellkochtopf schließen und garen lassen.
GAREN 2. Ring 30–35 Minuten.

Zubereitung Meerrettich-Sauce
Aus Butterschmalz und Instant-Mehl eine Mehlschwitze bereiten, mit kaltem Kalbs-Fond und kalter Sahne ablöschen und 10 Minuten kochen

lassen. Meerrettich in die Sauce geben, mit Salz, Zucker und Zitronensaft abschmecken. Vor dem Servieren die Sultaninen in die Sauce einrühren.

Servieren: Tafelspitz kurz vor dem Servieren in Scheiben aufschneiden. Mit etwas Fond übergießen und mit gehackter Petersilie oder Schnittlauch bestreuen.
Salzkartoffeln, gedünstete Karottenscheiben und Meerrettichsauce dazu reichen.

Alternativ: Mit Wild-Preiselbeeren gefüllte Mürbeteig-Torteletts neben dem Tafelspitz auf den Teller setzen.

Pro Person etwa 664 kcal; 2739 kJ; 61 g E; 40 g F; 15 g Kh

Es darf kein Klümpchen entstehen.
Die Sauce zum Kochen bringen,
etwa 3–4 Minuten kochen. In eine
Sauciere füllen.
8. Filet nach dem Garen 10 Minuten
ruhenlassen. Dann fingerdicke
Scheiben schneiden. Den Fond mit
saurer Sahne und Speisestärke
binden.

Servieren: Das Kartoffel-Schwarz-
wurzel-Gemüse abtropfen lassen
und die restlichen Schnittlauchröllchen darüberstreuen. Zusammen
mit dem Filet servieren. Die Sauce
extra reichen.

Pro Person etwa 722 kcal; 3024
kJ; 34 g E; 22 g F; 46 g Kh

Rechts: Tafelspitz

Unten: Filetbraten »Burgund«

Rindfleisch-Topf

*600 g Rindfleisch aus Keule oder
Nacken*

60 g Zwiebeln, klein gewürfelt

70 g BUTARIS Butterschmalz

Salz, weißer Pfeffer

400 ml LACROIX Rinder-Fond

1 Glas Rotwein

*200 ml LACROIX Sauce double für
helles Fleisch und Gemüse*

450 g IGLO TK-Suppengemüse

300 g IGLO TK-Rosenkohl

Zubereitung
WMF-Schnelltopf 2,7 l o. 3,0 l

1. Rindfleisch kalt abspülen, trok-
kentupfen und in 3 cm große Würfel
schneiden.
2. Im Schnelltopf Butterschmalz
erhitzen, Zwiebelwürfel mit den
Fleischwürfeln goldbraun anbraten.
Von der Kochstelle herunternehmen.
Mit Salz und frisch gemahlenem
weißen Pfeffer würzen. Mit heißem
Rinder-Fond, Sauce double und Rotwein ablöschen. Den Topf schließen.
GAREN 2. Ring 7 Minuten.
3. Topf von der Kochstelle herunternehmen und nach Vorschrift
öffnen. Das Gemüse unaufgetaut
zugeben. Topf sofort schließen.
GAREN 2. Ring weitere 6 Minuten.

Beilagenempfehlung: Petersilienkartoffeln oder Reis.

Pro Person etwa 508 kcal;
2130 kJ; 38 g E; 29 g F; 14 g Kh

TIP

**Sie sparen Zeit und Geld!
Verdoppeln Sie das Rezept
und frieren Sie einen Vorrat
in Toppits-Gefrierdosen
oder in Toppits-Gefrier- und
-Kochbeutel ein.**

Rinderschmorbraten mit Farmersgemüse

*600 g Rindfleisch, Nacken oder
Hohe Rippe*

100 g Speck, durchwachsen

30 g BUTARIS Butterschmalz

80 g Zwiebel, fein gewürfelt

$1/2$ Stange Porree

50 g Sellerie

50 g Möhren

20 g Tomatenmark

$3/8$ l Wasser

200 ml süße Sahne

*200 ml LACROIX Sauce double für
dunkles Fleisch und Wild*

Salz, schwarzer Pfeffer

600 g IGLO TK-Farmers Gemüse

250 ml LACROIX Gemüse-Fond

100 g Kräuterbutter

Zubereitung
WMF-Schnelltopf 2,7 l o. 3,0 l
WMF-Schnellpfanne

1. Den Speck in Würfel, Porree in
Ringe schneiden, Sellerie und
Möhren grob raspeln.
2. Butterschmalz im Schnelltopf erhitzen, den Speck darin auslassen.
Das Fleisch einlegen und rundum
gut anbraten. Mit Salz, frisch
gemahlenem Pfeffer und Tomatenmark würzen. Porree, Sellerie
und Möhren zufügen. $3/8$ l heißes
Wasser zugießen, den Topf verschließen.
GAREN 2. Ring 25–27 Minuten.
3. Das Fleisch herausnehmen. Die
Sauce durch ein Sieb passieren.
Um die Hälfte einkochen. Dann die
Sauce double einrühren, kurz aufkochen. Abschmecken. Die Sahne
halb aufschlagen und unter die
Sauce heben.

Zubereitung Farmersgemüse
1. In der Schnellpfanne den Gemüse-
Fond erhitzen. Farmersgemüse unaufgetaut zugeben. Topf schließen.
GAREN 2. Ring 4–5 Minuten.
2. Das Gemüse mit einem
Schöpflöffel herausnehmen. Die
Kräuterbutter unter das Gemüse
mischen. Den Gemüsefond ander-
weitig z. B. für eine Suppe verwenden. Das fertige Farmersgemüse
zusammen mit dem aufgeschnitte-
nen Schmorbraten servieren. Dazu
passen Petersilienkartoffeln.

Pro Person etwa 968 kcal;
4058 kJ; 38 g E; 55 g F; 24 g Kh

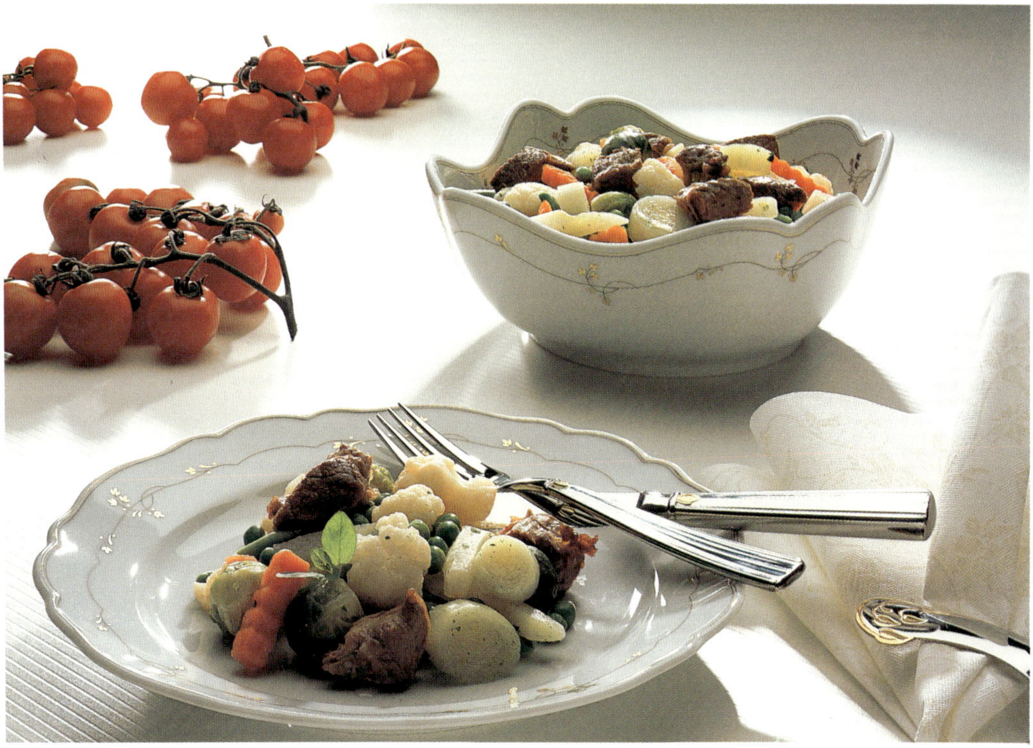

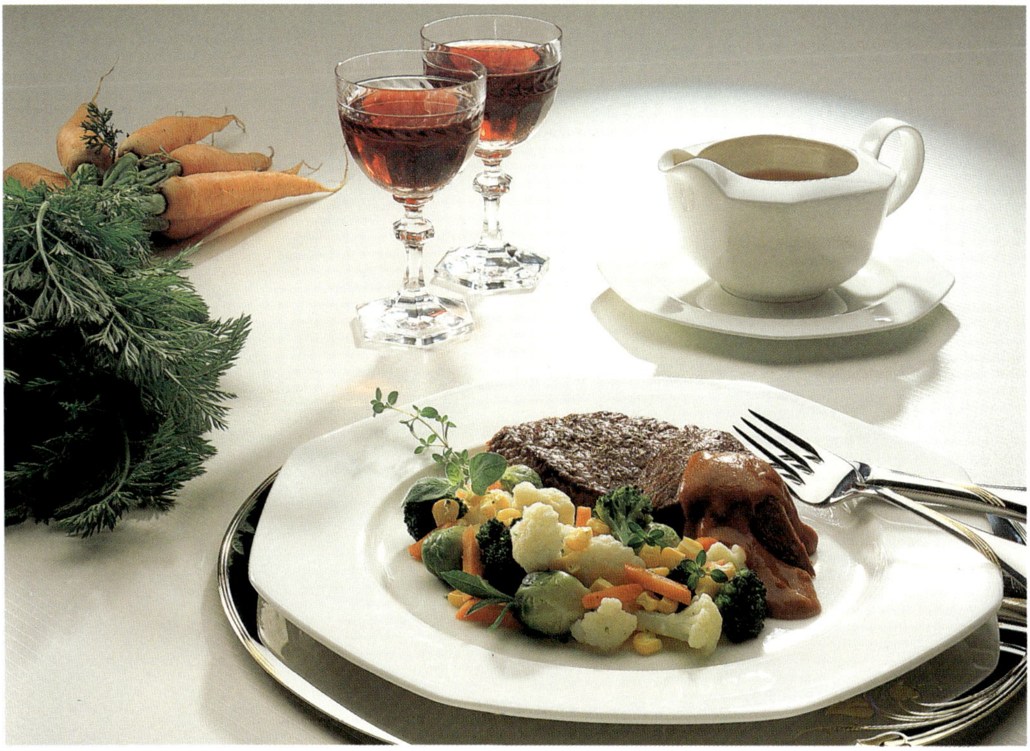

Rindfleisch-Klößchen mit Bandnudeln und Blattspinat

500 g Rinderhackfleisch
1 Ei Gew.-Kl.3
30 g Semmelbröseln
60 g Zwiebeln, gewürfelt
10 g Butter
1/2 l Fleischbrühe
Salz, weißer Pfeffer
200 ml LACROIX Sauce double für
dunkles Fleisch u. Wild
150 g Crème fraîche
25 g IGLO TK-8-Kräuter

> Zubereitung
> WMF-Schnelltopf 2,7 l o. 3,0 l

1. In einer kleinen Pfanne die Butter erhitzen und die Zwiebelwürfel darin goldgelb andünsten. Das Rinderhackfleisch mit Ei, Semmelbröseln, Salz, Pfeffer und den angedünsteten Zwiebelwürfeln zu einem Teig kneten. Dann kleine Bällchen formen. Diese in den gelochten Einsatz legen. Die Fleischbrühe im Schnelltopf aufkochen. Den Einsatz darüberstellen und den Topf schließen.
GAREN 2. Ring 6–7 Minuten.
2. Die Klößchen mit einem Schaumlöffel herausnehmen und warm stellen. Die Hälfte der Fleischbrühe mit der Sauce double verrühren und kurz zum Kochen bringen. Crème fraîche unterrühren, die Kräuter zugeben und abschmecken. Die Sauce in eine vorgewärmte Schüssel geben und die Klößchen einlegen.
Beilagenempfehlung: Bandnudeln und Blattspinat.

> Ohne Nudeln und Spinat pro Person etwa 382 kcal; 1604 kJ; 30 g E; 21 g F; 14 g Kh

Rinderfilet-Ragout mit Kartoffel-Sahne-Püree

500 g Rinderfilet
2 Tomaten
30 g BUTARIS Butterschmalz
Salz, schwarzer Pfeffer
40 g Schalotten, feingehackt
50 ml Portwein
150 ml Rotwein (trocken)
200 ml LACROIX Sauce double für
dunkles Fleisch und Wild

Zutaten für Kartoffelpüree

1 kg Kartoffeln, mehlig lockere Sorte
Salz
250 ml Sahne 10 % F.
1 Prise Muskat
60 g gut gekühlte Butter in Würfel

> Zubereitung
> WMF-Schnellpfanne und
> WMF-Schnelltopf 2,7 l o. 3,0 l

1. Kartoffeln schälen und in gleichgroße Stücke schneiden. Mit wenig Salz in den gelochten Einsatz füllen. In den Schnelltopf 300 ml Wasser füllen. Den Einsatz über das Wasser stellen. Topf schließen.
GAREN 2. Ring 7–9 Minuten.
2. Während dieser Zeit das Rinderfilet in Würfel schneiden. Die Tomaten oben kreuzförmig einritzen. Einige Minuten in kaltes Wasser legen, sofort kalt abspülen und die Haut abziehen. Die Kerne entfernen und in kleine Würfel schneiden.
3. Das Butterschmalz in der Schnellpfanne erhitzen und die Fleischwürfel etwa 5 Minuten darin anbraten, mit frisch gemahlenem Pfeffer und Salz würzen. Herausnehmen und zugedeckt warm stellen. Die Schalottenwürfel im Bratenfett glasig werden lassen und die Tomatenwürfel darin andünsten. Rotwein zusammen mit dem Portwein kurz aufkochen und die Sauce double mit einem Schneebesen unterschlagen. Den Bratenfond durch ein Sieb

in die Sauce passieren. Abschmecken und wenn notwendig nachwürzen. Die fertige Sauce warm stellen.

Zubereitung Kartoffelpüree
Die Kartoffeln nach Öffnen des Schnelltopfes ausdampfen lassen, damit die Spannung aus den Zellen nachläßt und das Passieren schonender erfolgt. Nach dem Passieren die erhitzte Sahne mit einem Schneebesen unter die Kartoffelmasse rühren. Die kalte Butter in kleinen Stücken einrühren. Mit Salz und Muskat abschmecken.

Serviervorschlag: Das Kartoffel-Sahne-Püree mit einem Spritzbeutel und Sterntülle auf eine Fleischplatte aufdressieren (siehe Bild). Das Rinderfilet-Ragout vor dem Püree anrichten und mit Sauce nappieren. Die restliche Sauce in einer Sauciere dazustellen.

> Rinderfilet-Ragout pro Person etwa 307 kcal; 1285 kJ; 25 g E; 14 g F; 7 g Kh

> Rinderfilet-Ragout und Kartoffel-Sahne-Püree pro Person etwa 720 kcal; 3015 kJ; 32 g E; 33 g F; 56 g Kh

> Kartoffel-Sahne-Püree pro Person etwa 413 kcal; 1730 kJ; 7 g E; 19 g F; 49 g Kh

Oben: Rindfleisch-Klößchen mit Bandnudeln und Blattspinat

Unten: Rinderfilet-Ragout mit Kartoffel-Sahne-Püree

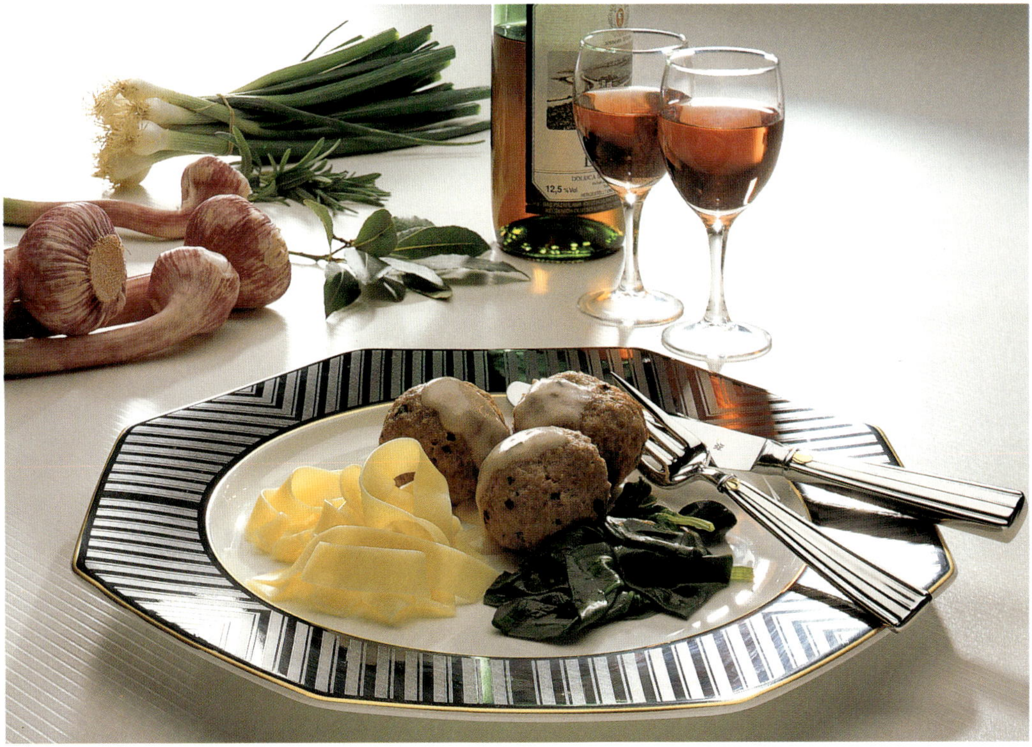

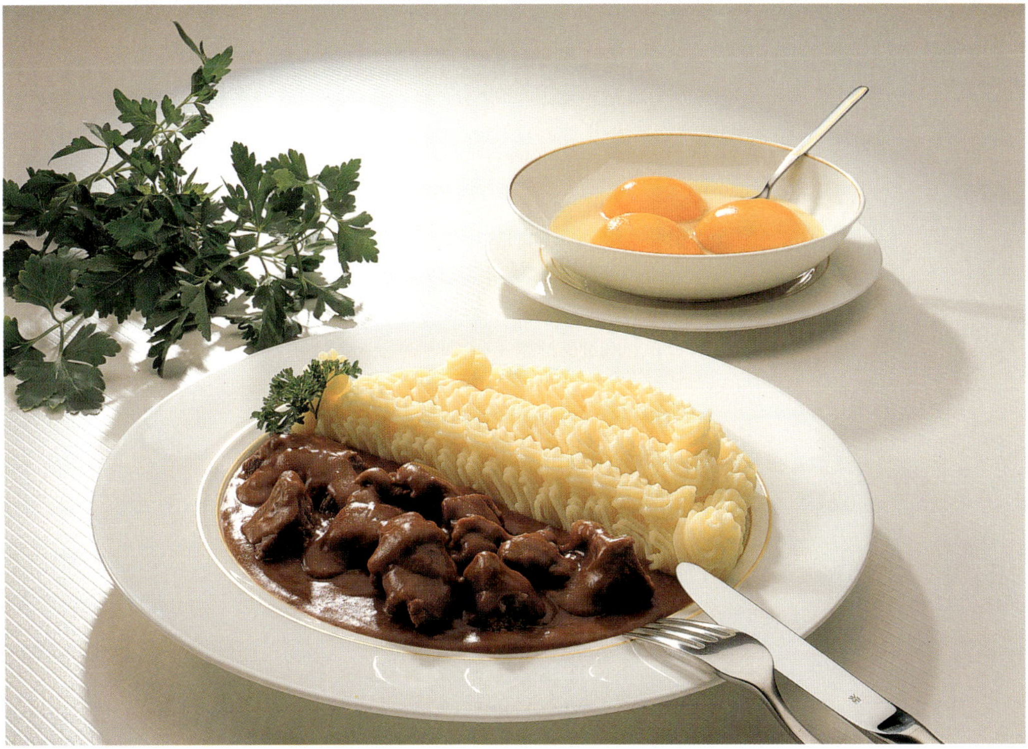

Sächsischer Wiege-braten

(für 4–6 Personen)

200 g Rinderhackfleisch
200 g Kalbhackfleisch
200 g Schweinehackfleisch
50 g Semmelmehl
3 Eier Gew.-Kl. 3
50 g Zwiebeln
20 g eingelegte Sardellenfilets
10 g Kapern
2 EL mittelscharfer Senf
Salz, schwarzer Pfeffer
1 TL (gehäuft) abgeriebene unbehandelte Zitronenschale

40 g fetter Speck
40 g BUTARIS Butterschmalz
200 ml LACROIX Rinder-Fond
200 ml LACROIX Sauce double für dunkles Fleisch
150 ml Schlagsahne

> Zubereitung
> WMF-Schnelltopf 3,0 l

1. Die drei Hackfleischsorten mit den Semmelbröseln und den verquirlten Eiern zu einem Fleischteig mischen. Sardellenfilets unter kaltem Wasser abspülen, feinhacken, Zwiebel schälen und reiben. Beides zusammen mit den Kapern unter den Fleischteig mengen. Mit Senf, Salz, Pfeffer und der abgeriebenen Zitronenschale kräftig würzen.
2. Den Speck in Streifen schneiden. Die Fleischmasse auf eine mit wenig Wasser benetzte Arbeitsplatte legen, zu einem Brot formen. Mit den Speckstreifen bedecken. Diese fest andrücken.
3. Das Butterschmalz im Schnelltopf erhitzen. Das Fleisch rundherum goldbraun anbraten. Heißen Rinder-Fond zufügen. Topf schließen. GAREN 2. Ring 17–18 Minuten.
4. Topf nach Vorschrift öffnen. Das Fleisch herausnehmen, in Scheiben

Rinderschmorbraten mit Champignon-Füllung

800 g Rindfleisch
(Dicker Bug)
weißer Pfeffer

Für die Füllung
150 g Champignons
1 EL BUTARIS Butterschmalz
je 1 EL IGLO TK-Petersilie und
Schnittlauch
2 EL gehäuft Semmelmehl
1 Prise FUCHS Meersalz
3 EL mittelscharfer Senf

100 g fetter Speck in dünne
Scheiben geschnitten

Zum Braten + Schmoren
30 g BUTARIS Butterschmalz
300 ml LACROIX Rinder-Fond
200 ml LACROIX Sauce double für dunkles Fleisch und Wild
120 g Crème fraîche

> Zubereitung
> WMF-Schnelltopf 2,7 l o. 3,0 l

1. Das Fleisch dreimal bis zur Mitte hin einschneiden und rundherum mit Pfeffer würzen.
2. Für die Füllung die geputzten Champignons kleinhacken und in Butterschmalz dünsten, Käuter und Semmelmehl zufügen. Abkühlen.
3. Die Einschnitte im Fleisch mit Senf bestreichen. Die Füllung eingeben. Die Speckstreifen quer über die Einschnitte legen und den Braten mit Küchengarn fest einbinden.
4. Butterschmalz im Schnelltopf erhitzen und das Fleisch rundherum goldbraun anbraten. Den Fond angießen. Topf schließen. GAREN 2. Ring 30–40 Minuten (je nach Beschaffenheit des Fleisches).

Rindersaftschinken mit gekräuterten Schwarzwurzeln

4 Scheiben Rindersaftschinken
750 g gebürstete Schwarzwurzeln
Saft 1 Zitrone
30 g Weizenmehl
40 g BUTARIS Butterschmalz
FUCHS Meersalz, frisch gemahlenen
Pfeffer
je 1 TL frische Petersilie, Schnittlauch, Thymian, Majoran

> Zubereitung
> WMF-Schnelltopf 2,7 l und
> Schnellpfanne

1. Schwarzwurzeln schälen und sofort in Wasser legen, in das Zitronensaft und Mehl eingerührt wurde; sonst werden sie dunkel.
2. 250 ml Wasser aufkochen, abgetropfte Schwarzwurzeln in Stücke schneiden und mit den Gewürzen in das Wasser geben. Topf schließen. GAREN 2. Ring 4–5 Minuten.
3. Butterschmalz in der Pfanne erhitzen. Zuerst die Kräuter, dann die Schwarzwurzeln zugeben, etwa 2 Minuten darin schwenken und auf den Schinkenscheiben anrichten.

Beilagenempfehlung: in Butter geschwenkte Salzkartoffeln.

> Pro Person etwa 391 kcal;
> 1644 kJ; 27 g E; 14 g F; 36 g Kh

schneiden, warm stellen.

5. Den Bratenfond durch ein Sieb in eine Sauteuse gießen, Sauce double einrühren und erhitzen. Die Sauce abschmecken und die angeschlagene Sahne unterheben. Dazu schmecken Salzkartoffeln, Kopfsalat in Sahne-Zitronen-Dressing.

Für 4 Personen pro Person etwa
903 kcal; 3792 kJ; 46 g E;
65 g F; 17 g Kh

Für 6 Personen pro Person etwa
602 kcal; 2528 kJ; 30 g E;
43 g F; 12 g Kh

5. Das Fleisch herausnehmen, Küchengarn entfernen und das Fleisch warm stellen, gut 10–15 Minuten ruhenlassen.

6. Bratenfond lösen, mit Rinder-Fond und Sauce double verrühren, aufkochen, würzen und abschmecken.

7. Fleisch in daumendicke Scheiben schneiden. Mit der Sauce servieren.

Beilagenempfehlung: Salzkartoffeln, gedünsteter Weißkohl mit Speckwürfeln oder gedämpften Blumenkohl.

Pro Person etwa 932 kcal;
3911 kJ; 53 g E; 75 g F; 8 g Kh

Oben: Sächsischer Wiegebraten

**Mitte: Rinderschmorbraten
mit Champignon-Füllung**

**Unten: Rindersaftschinken
mit gekräuterten Schwarz-
wurzeln**

Kalbsbrust mit Aprikosen-Pflaumenfüllung

1 kg Kalbsbrust (vom Metzger aus-
lösen und Tasche schneiden lassen)
100 g getrocknete Aprikosen
100 g getrocknete Äpfel
100 g getrocknete Pflaumen
1/8 l Mineralwasser
40 g BUTARIS Butterschmalz
60 ml Weißwein (trocken)
125 ml LACROIX Kalbs-Fond
200 ml LACROIX Sauce double für
helles Fleisch
Salz, Pfeffer
30 g Butter

Zubereitung
WMF-Schnellpfanne o.
Schnelltopf 2,7 l

1. Getrocknetes Obst mit dem Wein und dem Mineralwasser über Nacht einweichen.
2. In die Tasche der Kalbsbrust das eingeweichte Obst füllen. Gut mit Küchengarn zubinden. Mit Pfeffer und Salz würzen.
3. Butterschmalz erhitzen und das Fleisch rundherum goldbraun anbraten. Mit 125 ml Trockenobstsud und dem Kalbs-Fond auffüllen. Die Schnellpfanne schließen.
GAREN 2. Ring 22–25 Minuten (je nach Beschaffenheit des Fleisches).
4. Schnelltopf nach Vorschrift öffnen. Die Kalbsbrust herausnehmen und warm stellen. Den Fond durch ein Sieb gießen und zurück in den Schnelltopf geben. Fond erhitzen und mit einem Schneebesen die Sauce double unterschlagen, bis die Sauce cremig wird. Die Butter kalt in kleinen Würfeln unterschlagen. Mit Salz und Pfeffer abschmecken.

5. Die gefüllte Kalbsbrust in etwa 3 cm dicke Scheiben aufschneiden.

Servieren: Auf vorgewärmte Teller eine Scheibe Kalbsbrust anrichten. In Butter geschwenkte Spätzle dazu reichen.

Pro Person etwa 616 kcal;
2580 kJ; 31 g E; 27 g F; 55 g Kh

Kalbs-Frikassee mit Erbsen und Krabben

600 g Kalbfleisch (Schulter, Hals,
Brust)
300 ml LACROIX Kalbs-Fond
100 ml Weißwein (halbtrocken)
2 Zwiebeln, 1 Lorbeerblatt,
2 Nelken, 3 Pfefferkörner
1/2 Bund Suppengemüse
300 g (1 Pckg) IGLO TK-Junge
Erbsen
150 g Krabbenfleisch
1 Dose Spargelschnitte 270 g
Abtropfgewicht)

Für die Sauce
3 Eigelb
125 ml Kalbfleischbrühe
Salz, FUCHS weißer Pfeffer
1–2 TL Zitronensaft
50 g kalte Butter in Würfel
100 ml süße Sahne

Zubereitung
WMF-Schnelltopf 2,7 l o. 3,0 l

1. Kalbfleisch in ca. 30 g schwere Würfel schneiden. Den Fond mit dem Wein zum Kochen bringen.
2. Zwiebel mit Nelken spicken, Suppengemüse waschen und grob zerkleinern.
3. Fleischwürfel zusammen mit den Gewürzen und Suppengemüse in den aufgekochten Fond geben. Topf schließen.
GAREN 2. Ring 8–10 Minuten (je nach Beschaffenheit des Fleisches).

Für die Erbsen
WMF-Schnelltopf 2,7 l

4. Erbsen unaufgetaut in den ungelochten Einsatz geben, mit etwas

Zucker und Salz würzen, Petersilie überstreuen und 1/8 l Wasser angießen. Topf schließen.
GAREN 2. Ring 4–6 Minuten.
5. Nach dem Kochen das Fleisch mit Krabben, Erbsen und abgetropftem Spargel mischen, warm halten.
6. Für die Sauce Eigelb mit Kalbfleischbrühe, Gewürzen und Zitronensaft im heißen Wasserbad aufschlagen, bis die Masse dicklich wird. Kalte Butter in kleinen Stücken unterrühren. Die Sahne aufschlagen und unter die Sauce heben.
7. In die fertige Sauce sofort die Fleisch-Erbsen-Krabben-Mischung unterrühren.

Beilagenempfehlung: Reis und Kopfsalat

Pro Person etwa 525 kcal;
2060 kJ; 40 g E; 38 g F; 9 g Kh

Kalbsnierenbraten in Rahmsauce

(für 4–6 Personen)

1 kg Kalbsrücken
1 Kalbsniere
Salz, frisch gemahlenen Pfeffer
40 g BUTARIS Butterschmalz
400 ml (1 Glas) LACROIX Kalbs-Fond
100 g gewürfelter Speck
1 Zwiebel, gewürfelt
15 g Instant-Weizenmehl
250 ml süße Sahne

Zutaten Marinade

4 EL Öl
1 TL Senf, mittelscharf
1 EL Weißwein
1 TL LACROIX Worcestershire Sauce
je 1/2 TL FUCHS Majoran, Rosmarin,
Rosenpaprika

Zubereitung
WMF-Schnelltopf 2,7 l

1. Eine Marinade aus den genannten Zutaten bereiten. Den Kalbsrücken längs einschneiden, mit der Marinade einreiben und gut 2 Stunden ruhenlassen.
2. Dann die Kalbsniere in den Einschnitt legen. Den Kalbsrücken zusammenklappen und mit einem Küchenfaden zusammenbinden. Jetzt mit Salz und Pfeffer einreiben.
3. Den gewürfelten Speck in eine kleine Pfanne geben und die Zwiebelwürfel darin glasig werden lassen.
4. Im Schnelltopf Butterschmalz erhitzen und den Kalbsnierenbraten darin rundherum goldgelb anbraten. Die Speck- und Zwiebelwürfel zugeben und mit 1/4 l heißen Kalb-Fond angießen. Topf schließen.
GAREN 2. Ring 22–25 Minuten (je nach Beschaffenheit des Fleisches).
5. Den Braten aus dem Topf nehmen und warm stellen.
6. Das Mehl in den Topf geben und unterrühren. Den restlichen Kalb-

Fond und die Sahne zugeben und einkochen lassen. Durch ein Sieb geben und mit Pfeffer und Salz abschmecken.

Beilagenempfehlung: grüne Bohnen im Speckmantel und Salzkartoffeln

Pro Person etwa 551 kcal;
2307 kJ; 38 g E; 29 g F; 3 g Kh

Alternativ:
Statt grüne Bohnen in Butter geschwenkten Broccoli.

Kalbsgeschnetzeltes mit Reis

600 g sehnenfreies Kalbfleisch aus Filet oder Nuß
2 EL Weizenmehl, gesiebt
70 g Butter
60 g Schalotten, fein geschnitten
125 ml Weißwein (Riesling-Sylvaner)
200 g Champignons (kleine Köpfe)
100 ml LACORIX Kalbs-Fond
200 ml Sahne
Salz, frisch gemahlener weißer Pfeffer

Zubereitung
WMF-Schnellpfanne

1. Das Fleisch unter fließendem Wasser abspülen, trockentupfen und mit einem scharfen Messer gegen die Faser hauchdünne Scheiben schneiden. Butter in der Schnellpfanne erhitzen. Das Geschnetzelte mit Mehl leicht bestäuben und portionsweise schnell anbraten. Dabei ständig in Bewegung halten. Achten Sie darauf, daß das Anbraten nur wenige Sekunden andauert. Das angebratene Geschnetzelte auf einen vorgewärmten Teller geben. Das Geschnetzelte portionsweise anbraten! In keinem Fall große Portionen anbraten. Sie würden Wasser ziehen. Sobald die letzte Portion aus der Pfanne herauskommt, das Geschnetzelte mit Salz und Pfeffer würzen. Warm stellen.

2. In der heißen Butter die Schalotten andünsten, mit Wein löschen, Kalbs-Fond zugeben, aufkochen, Die Champignons zugeben. Den Topf schließen.
GAREN 1. Ring 2–3 Minuten.
3. Schnellpfanne nach Vorschrift sofort öffnen. Die Champignons herausnehmen und warm halten. Die Sahne zugießen, aufkochen und abschmecken. Das Fleisch und die Champignons in die Sauce geben und sofort servieren.

Beilagenempfehlung: Reis, Rösti oder Butternudeln

Pro Person etwa 418 kcal;
1748 kJ; 35 g E; 27 g F; 9 g Kh

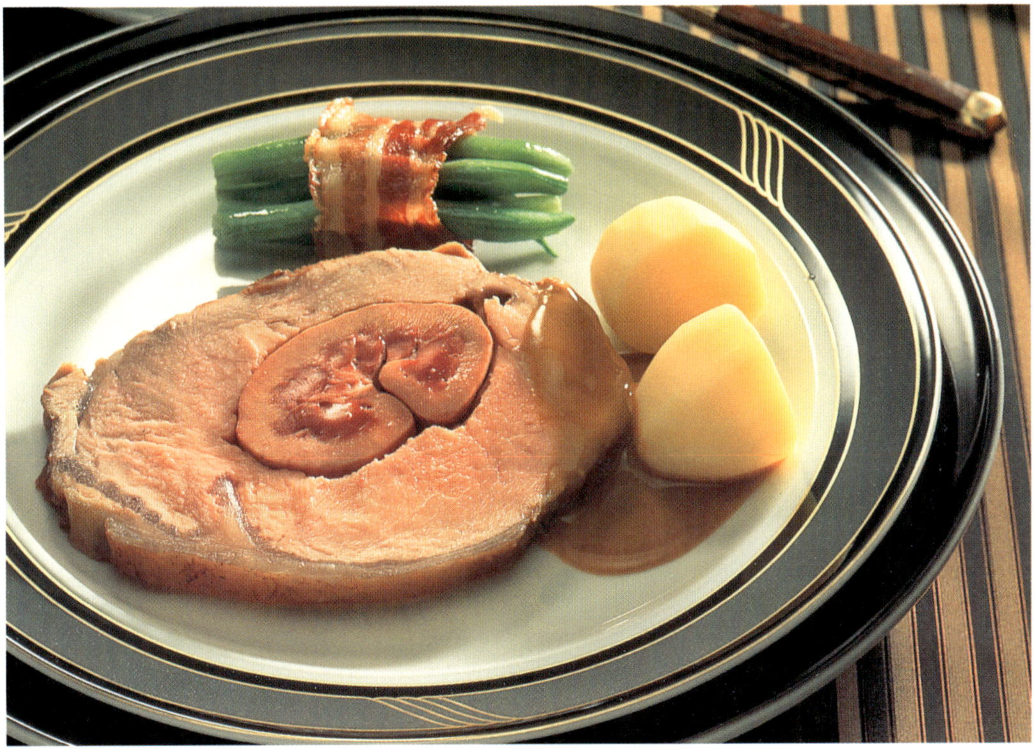

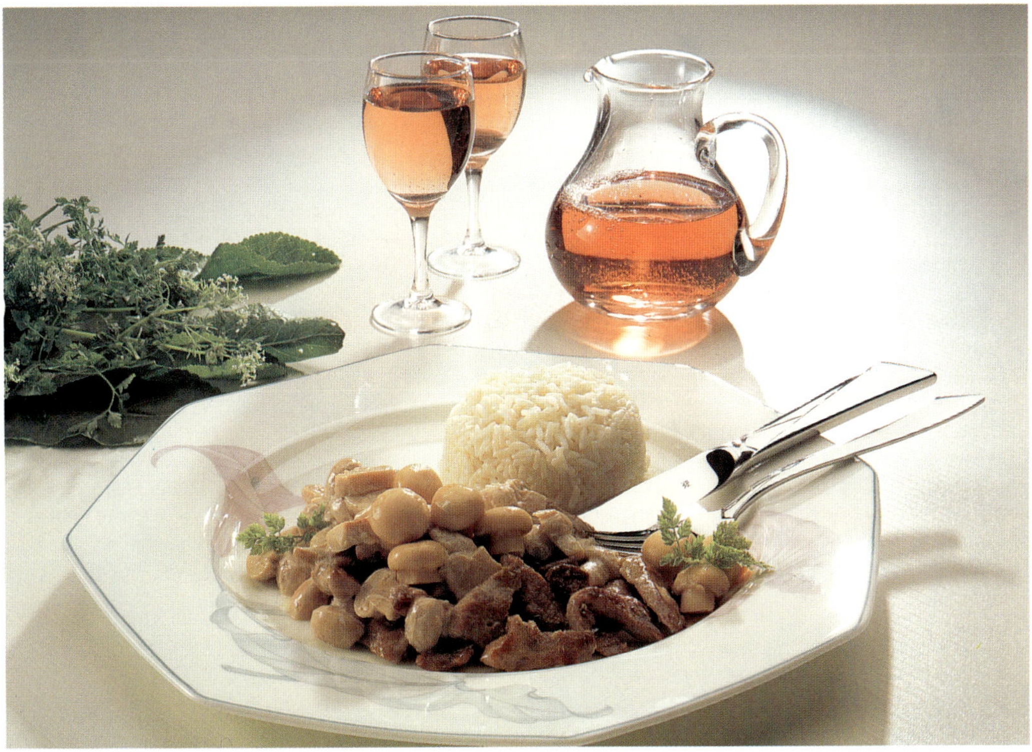

Kalbsvögerl mit Spätzle

300 g Kalbsbratwurstfüllung
4 Schalotten
½ Bund Petersilie
2 – 3 TL FUCHS Pikant
4 Kalbsschnitzel je ca. 150 g aus der Keule
75 g durchwachsenen Speck
50 g BUTARIS Butterschmalz
1 Stange Porree, 3 Karotten
1 Lorbeerblatt, 3 Pfefferkörner
3 Nelken
Saft und abgeriebene Schale ½ unbehandelten Zitrone
200 ml LACROIX Kalbs-Fond
100 ml Weißwein (trocken)
300 ml LACROIX Sauce double für helles Fleisch
4 Sardellenfilets, 1 EL Kapern

Zubereitung
WMF-Schnellpfanne

1. Schalotten und Petersilie hacken, mischen, mit etwas Fond geschmeidig und mit der Bratwurstfüllung zu einem Teig machen. Diesen mit Pikant würzen.
2. Die Schnitzel leicht pfeffern und dann den Fleischteig daraufgeben. Zu Rouladen aufrollen und mit Holzspießen zusammenstecken.
3. Speck würfeln und in Butterschmalz glasig braten. Die Kalbsvögerl darin rundherum gut braun anbraten.
4. Die geputzten Karotten und Lauch in grobe Stücke schneiden und zusammen mit dem Lorbeerblatt, Pfefferkörnern, Nelken und der Zitronenschale zu den Kalbsvögerl geben. Den erhitzten Fond und Wein zugießen. Die Schnellpfanne mit dem Deckel verschließen. GAREN 2. Ring 5 – 7 Minuten.
5. Die gegarten Kalbsvögerl herausnehmen und warm stellen. Den Schmorsaft zusammen mit dem Gemüse passieren. In die passierte Sauce mit einem Schneebesen

Sauce double unterschlagen, bis die Sauce cremig ist. Sardellenfilets fein hacken und zur Sauce geben. Die Sauce mit dem Zitronensaft und den gehackten Kapern abschmecken.

Servieren: Die Kalbsvögerln in der Sauce kurz erhitzen und mit Spätzle servieren. Dazu schmeckt Kopfsalat in einer leicht gesüßten Sauerrahm-Sauce und/oder Bataviasalat.

Pro Person etwa 754 kcal;
3166 kJ; 44 g E; 56 g F; 8 g Kh

Bataviasalat

1 roter Bataviasalat
150g Salatgurke
12 Cocktailtomaten
100g kernlose helle und blaue Weintrauben
1 Bund Kresse

Für Marinade
20ml roter Estragonessig
FUCHS Knoblauchsalz
schwarzer Pfeffer
2TL Cognac o. Weinbrand
60ml Salatöl, neutral

1. Bataviasalat waschen, abtropfen lassen und in breite Streifen schneiden. Die Salatgurke waschen, abtrocknen und ungeschält in dünne Scheiben schneiden. Die Cocktailtomaten waschen, abtrocknen und halbieren. Die so vorbereiteten Zutaten auf 4 Tellern halbförmig anrichten.
2. Die Weintrauben waschen, abtrocknen und halbieren. Die Salatteller damit und mit der Kresse garnieren.
3. Für die Marinade den Estragonessig mit Knoblauchsalz, frisch gemahlenem schwarzen Pfeffer würzen. So lange mit einem Schneebesen rühren, bis sich die Gewürze aufgelöst haben. Dann den Cognac und das Salatöl mit dem Schneebesen leicht unterschlagen und

noch mal abschmecken. Die fertige Marinade auf die Salatportionen träufeln.

Pro Person etwa 211 kcal;
866 kJ; 4 g E; 15 g F; 11 g Kh

Kalbsbries zart gebraten auf Spargel

400 g Kalbsbries
Saft 1 Zitrone
Salz, weißer Pfeffer, Lorbeerblatt, Pimentkörner
30 g KÖLLN Instant-Flocken
50 g BUTARIS Butterschmalz
4 EL Semmelbröseln
2 kg weißen Spargel
Zucker, 20 g Süßrahmbutter

Zubereitung
WMF-Schnellpfanne und
Schnelltopf 3,0 l

1. Spargel schälen. ¼ l Wasser mit Salz, einer Prise Zucker und 20 g Butter in den Schnelltopf geben. Den Spargel im gelochten Einsatz über das Wasser stellen. Topf schließen.
GAREN 2. Ring 6 – 10 Minuten je nach Dicke.
2. Kalbsbries 1 Stunde wässern, säubern und enthäuten. In der Schnellpfanne in siedendem Wasser mit Salz, Lorbeerblatt, Zitronensaft und Pimentkörnern 10 Minuten garen, bis es sich fest anfühlt. Pfanne dabei nicht schließen! Im Sud erkalten lassen. Dann in Scheiben schneiden, salzen, pfeffern und in Instant-Flocken wenden. Butterschmalz in der Pfanne erhitzen. Die Scheiben darin braten und mit gebräunten Semmelbröseln auf dem Spargel servieren.

Pro Person etwa 345 kcal; 1450 kJ; 23 g E; 20 g F; 15 g Kh

Kalbsvögerl mit Spätzle

Schweinebraten mit Kartoffelklößen und Bohnensalat

600 g Schweinefleisch aus der Keule
Salz, groben schwarzen Pfeffer
Basilikum, gemahlenen Kümmel
1 zerdrückte Knoblauchzehe
60 g Zwiebeln, fein gewürfelt
40 g BUTARIS Butterschmalz
200 ml LACROIX Kalbs-Fond
100 ml Rosé-Wein
200 ml LACROIX Sauce double für dunkles Fleisch
750 g rohe Kartoffeln
150 g gekochte Kartoffeln
150 ml Vollmilch
40 g Instant-Weizenmehl
2 Eier Gew.-Kl. 3
Salz

Zubereitung
WMF-Schnelltopf 2,7 l und 3,0 l

1. Das Schweinefleisch kalt abspülen und mit Küchenkrepp trockentupfen. Mit Salz, Pfeffer, Basilikum, Kümmel und der zerdrückten Knoblauchzehe einreiben. Im Schnelltopf Butterschmalz erhitzen und das Fleisch rundherum goldbraun anbraten. Die Zwiebelwürfel zugeben, glasig werden lassen, mit dem Wein ablöschen und sofort den vorher erhitzten Fond zugießen. Den Topf schließen.
GAREN 2. Ring 20 Minuten.
Nach Ablauf der Zeit den Topf von der Kochstelle herunternehmen. Erst öffnen wenn das Kochsignal sich ganz gesenkt hat.
2. Die Kartoffelklöße zubereiten. Die rohen Kartoffeln nach dem Schälen reiben, gut ausdrücken und heiße Milch darübergeben. Die am Vortag gekochten Kartoffeln durchpressen, dazugeben und mit Salz, Eier und Mehl zu einem Teig vermengen. Mit nassen Händen mittelgroße Klöße formen. In den Schnell-

topf 1/4 l Wasser geben. Die Klöße im gelochten Einsatz über das Wasser stellen. Die Klöße dürfen übereinander liegen. Topf schließen.
GAREN 2. Ring 7–9 Minuten.
Anmerkung: Die Klöße können auch aus Fertigmischungen bereitet werden.
3. Das Fleisch aus dem Topf herausnehmen. Warm stellen. Den Fond durchsieben und um 1/3 einkochen. Dann Sauce double mit einem Schneebesen unterschlagen, bis die Sauce cremig wird. Abschmecken.
Variation: Geröstete Weißbrotwürfel in die Mitte der Klöße geben.

Servieren: Den Schweinebraten in Scheiben schneiden und auf vorgewärmte Teller anrichten. Kartoffelklöße zulegen und mit Sauce nappieren. Dazu Bohnensalat reichen.

Pro Person etwa 887 kcal; 3725 kJ; 32 g E; 50 g F; 20 g Kh

Kassler auf Grünkohl

600 g Kassler ohne Knochen
600 g IGLO TK-Grünkohl
50 g Schalotten, klein gewürfelt
30 g Schweineschmalz
50 g durchwachsener Speck
300 ml LACROIX Gemüse-Fond
Zucker, Salz, Pfeffer, Muskat

Zubereitung
WMF-Schnelltopf 3,0 l oder 5,0 l

1. Kassler gut abwaschen und in 4 Scheiben aufschneiden.
2. Den Speck würfeln. Das Schweineschmalz im Schnelltopf erhitzen, Speck- und Schalottenwürfel darin anrösten. Grünkohl unaufgetaut hinzugeben. Die Gewürze in den Gemüsefond geben. Salz und Zucker sollen sich darin auflösen. Den Fond in den Schnelltopf gießen. Die Scheiben Kassler auf den Grünkohl verteilen. Topf schließen.
GAREN 2. Ring 14–15 Minuten.
3. Sobald das Kochsignal vollständig abgesenkt ist, Topf öffnen. Kassler abnehmen, warm stellen und den Grünkohl abschmecken. Dazu Salzkartoffeln reichen.

Pro Person etwa 552 kcal; 2320 kJ; 38 g E; 38 g F; 8 g Kh

TIP

Sie sparen Zeit und Geld! Verdoppeln Sie das Rezept und frieren Sie einen Vorrat in Toppits-Gefrierdosen oder in Toppits-Gefrier- und -Kochbeutel ein.

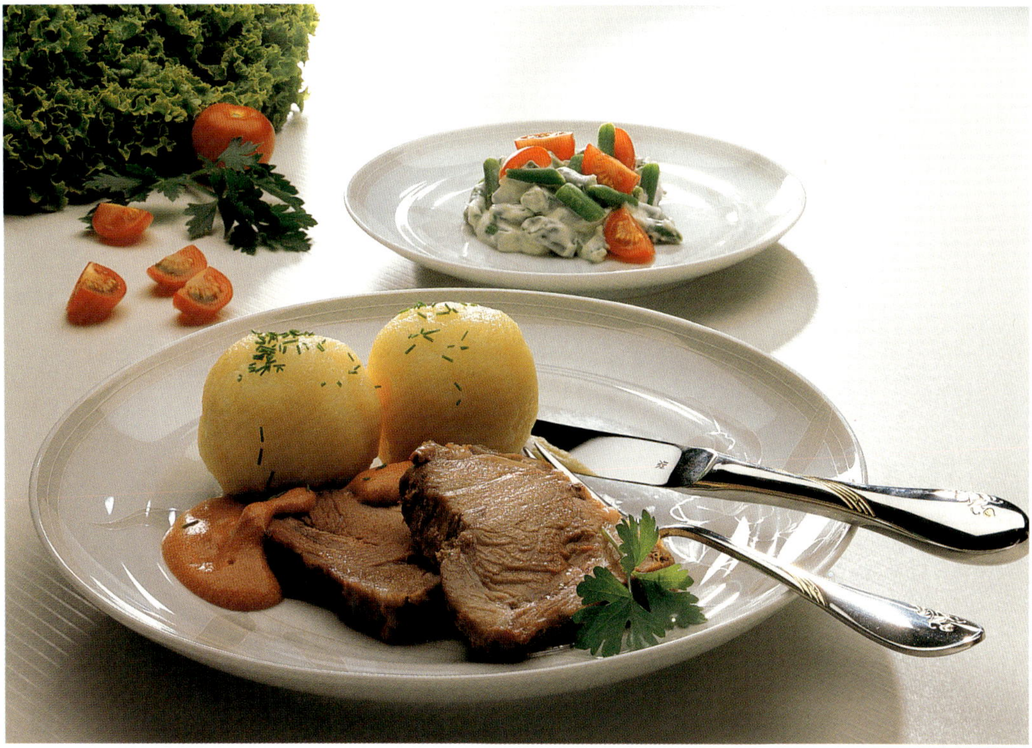

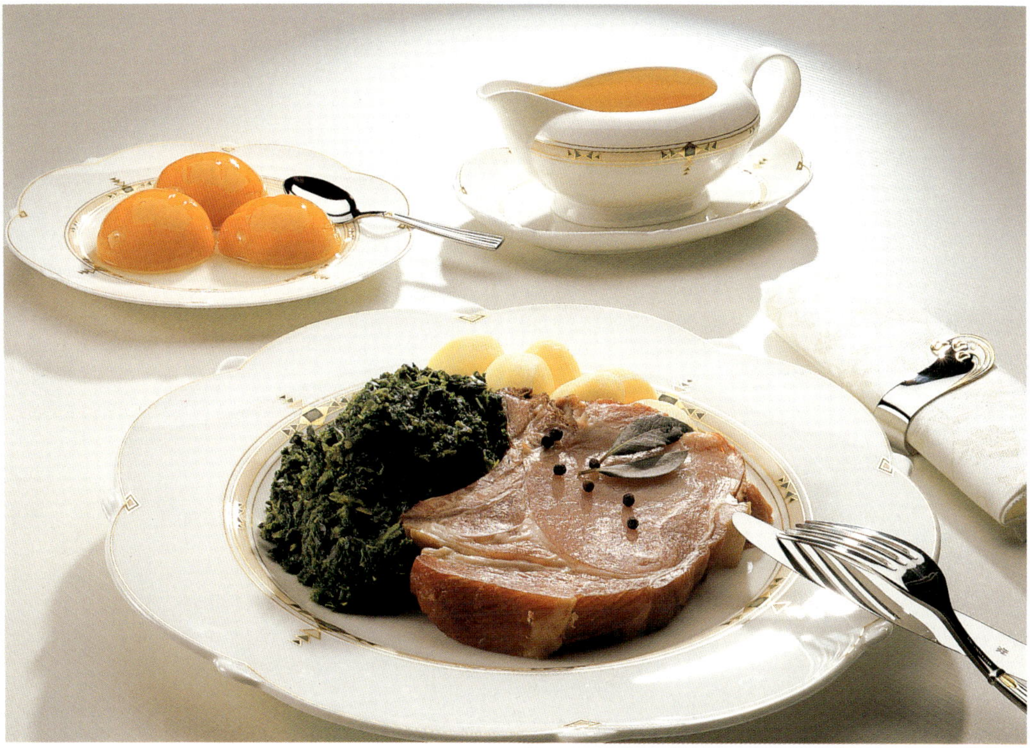

Schweinefilets mit Apfelrotkohl und Semmelklöße

600 g Schweinefilets
Salz
weißer Pfeffer
Ingwer
30 g BUTARIS Butterschmalz
80 g Schalotten, fein gewürfelt
50 ml Cognac
200 ml LACROIX Waldpilz-Fond
600 g IGLO TK-Apfel-Rotkohl
Saure Sahne

Für Semmelklöße

300 g alte Semmeln (Brötchen)
375 ml heiße Vollmilch
40 g Schalotten, fein gewürfelt
70 g durchwachsener Speck,
klein gewürfelt
100 g Instant-Weizenmehl
2 Eier Gew.-Kl.3
2 EL feingehackte Petersilie
Kerbel und Schnittlauch
2 TL (gestrichen) Backpulver

Zubereitung
WMF-Schnelltopf 3,0 l o. 5,0 l

1. Semmeln in etwa 2 mm dicke Scheiben schneiden und mit heißer Milch übergießen. Gut eine Stunde stehenlassen.
2. Die Schweinefilets mit Salz, frisch gemahlenem weißen Pfeffer und Ingwer einreiben. Butterschmalz in der Schnellpfanne erhitzen und die Filets anbraten. Die gewürfelten Schalotten kurz mitdünsten. Mit Cognac ablöschen und den vorher erhitzten Waldpilz-Fond zugießen. Topf schließen.
GAREN 2. Ring 3 – 4 Minuten.
3. In einen Schnelltopf 1/4 l heißes Wasser geben, den Apfelrotkohl unaufgetaut im ungelochten Einsatz über das heiße Wasser stellen. Topf schließen.
GAREN 2. Ring 5 – 6 Minuten.
4. Für die Semmelknödel die Speckwürfel auslassen und die Schalottenwürfel darin hellgelb andünsten. Abkühlen lassen. Das Weizenmehl mit den Eiern, gehackten Kräuter und Backpulver unter die gequollenen Semmeln einrühren. Mit nassen Händen Knödel formen. In den Schnelltopf 1/4 l Wasser geben. Die Knödel im ungelochten Einsatz über das Wasser stellen. Topf schließen.
GAREN 2. Ring 7 – 9 Minuten.
5. Die Schweinefilets aus der Pfanne herausnehmen, warm stellen. Den Bratenfond um 1/3 reduzieren und mit saurer Sahne verfeinern.
Schweinefilets aufschneiden, auf vorgewärmte Teller anrichten, Sauce nappieren. Apfelrotkohl, Semmelknödel und Preiselbeeren dazugeben.

Pro Person etwa 1000 kcal;
4200 kJ; 50 g E; 45 g F;
86 g Kh

Hacksteak nach Tatarenart

600 g Rindertatar
80 g Eigelb
60 g Butter
30 g Sonnenblumenöl
FUCHS Meersalz
schwarzer Pfeffer,
scharfer Senf

Zubereitung
WMF-Schnellpfanne

1. Tatar mit Salz, frisch gemahlenen Pfeffer und Senf würzen. Eigelb und Butter einmengen, 4 Steaks davon formen. In der Schnellpfanne das Öl erhitzen. Die Steaks von beiden Seiten darin kurz braten. Sie sollen innen noch rosa sein. Auf einer Wärmeplatte anrichten.
Beilagenempfehlung: Salzkartoffeln und Apfelrotkraut

Pro Person etwa 447 kcal;
1877 kJ; 35 g E; 32 g F; + g Kh

Schweinefilets mit Apfelrotkohl und Semmelklöße

Schweinemedaillons mit Spargel und gebratenen Kartoffeln

600 g Schweinefilet
Senf, weißer Pfeffer, Rosmarin
2 EL Maiskeimöl
40 g BUTARIS Butterschmalz
200 ml LACROIX Kalbs-Fond
40 g kalte Butterwürfel
1 kg weißer Spargel (geschält)
250 ml Wasser oder LACROIX Gemüse-Fond
1 TL Salz
2 TL Zucker
30 g Süßrahmbutter
400 g kleine gleichgroße Kartoffeln (geschält)
400 g kleine gleichgroße Kartoffeln
30 g BUTARIS Butterschmalz
1 Prise Salz

Zubereitung
WMF-Schnelltopf 3,0 l o. 5,0 l
und Schnellpfanne

1. Filet häuten und in etwa 2 cm dicke Medaillons schneiden. Salz mit Pfeffer, Rosmarin und Öl zu einer Paste verrühren. Die Medaillons damit bestreichen und etwa 70–80 Minuten abgedeckt im Kühlschrank marinieren.
2. Wenn die Schweinemedaillons etwa 60 Minuten im Kühlschrank sind, mit der Zubereitung von Spargel und Kartoffeln beginnen.
In einen Schnelltopf 1/4 l Wasser geben und eine Prise Salz zufügen. Die Kartoffeln in den gelochten Einsatz füllen. Topf schließen.
GAREN 2. Ring 6–8 Minuten.
Nach der Garzeit den Topf sofort nach Vorschrift öffnen.
Anmerkung: Neue Kartoffeln immer mit kochendem Wasser ansetzen. Alte Kartoffeln mit kaltem Wasser ansetzen, damit die Stärke während des Erhitzens aufquellen kann. Die Kartoffeln nach dem Garen auseinander legen, damit sie abdampfen können.

Für den Spargel in einen Schnelltopf den Kalbs-Fond gießen, Salz, Zucker und Butter zugeben. Den Spargel in den gelochten Einsatz legen und über den Fond stellen. Topf schließen.
GAREN 2. Ring 6–10 Minuten je nach Dicke des Spargels.
Nach der Garzeit den Topf sofort nach Vorschrift öffnen. Den Spargel warm halten.
3. In der Schnellpfanne Butterschmalz erhitzen und die Medaillons auf jeder Seite etwa 2 Minuten braten. Sie sollten gerade durchgebraten sein, innen nicht mehr blutig. Die Medaillons auf einer vorgewärmten Platte anrichten. Den Bratenfond mit Kalbs-Fond ablöschen und auf 2/3 einkochen. Mit einem Schneebesen die kalten Butterwürfel unterschlagen. Die fertige Sauce abschmecken.
Während der gleichen Zeit in einem der Schnelltöpfe Butterschmalz erhitzen und die Kartoffeln darin rundum goldgelb braten.

Schweinemedaillon pro Person etwa 483 kcal; 2028 kJ; 28 g E; 38 g F; 0 g Kh

Spargel pro Person etwa 108 kcal; 453 kJ; 5 g E; 7 g F; 7 g Kh

Gebratene Kartoffeln pro Person etwa 156 kcal; 655 kJ; 2 g E; 8 g F; 19 g Kh

Menü gesamt pro Person etwa 747 kcal; 3136 kJ; 35 g E; 53 g F; 26 g Kh

Hasenrücken in Rahmsauce

2 Hasenrücken à ca. 500 g
Salz, Pfeffer, Thymian
Estragonsenf, 2 Wacholderbeeren
4 Speckscheiben (ca. 50 g)
60 g BUTARIS Butterschmalz
250 ml LACROIX Wild-Fond
60 ml Cognac
1/2 Lorbeerblatt
150 ml saure Sahne
Zitronensaft

Zubereitung
WMF-Schnelltopf 3,0 l o. 5,0 l

1. Hasenrücken in Portionsstücke zerteilen und mit den Gewürzen einreiben. Jedes Stück mit einer Speckscheibe umlegen.
2. Im Schnelltopf Butterschmalz erhitzen. Die Hasenstücke darin anbraten. Mit Weinbrand und dem heißen Wild-Fond ablöschen. Die Wacholderbeeren und Lorbeerblatt zufügen. Topf schließen.
GAREN 2. Ring 10–12 Minuten.
3. Den Bratfond mit saurer Sahne und Zitronensaft abschmecken.

Beilagenempfehlung: Spätzle, Apfelmus, Preiselbeerkompott und Kopfsalat.

Pro Person etwa 586 kcal; 2462 kJ; 53 g E; 37 g F; 3 g Kh

Schweinemedaillons mit Spargel und gebratenen Kartoffeln

Lammcurry mit Erbsen und Möhren

750 g Lammschulter
FUCHS-Meersalz
Saft einer Zitrone
200 g Joghurt
1 Prise gemahlener Ingwer
2 EL Currypulver
4 EL geklärte Butter
2 Zwiebeln
1 Knoblauchzehe
250 ml LACROIX Lamm-Fond
1 Packg. (450 g)
IGLO Grüne Küche Erbsen und
Karotten
15 g Butter
125 ml LACROIX Gemüse-Fond
2 Tomaten
je 1 TL Zimt, Kardamom
gemahlener Kümmel
frisch gemahlener Pfeffer
2 EL IGLO Grüne Küche Petersilie

Zubereitung
1. Lammschulter in 3 cm große Stücke schneiden, salzen und in eine Schüssel geben. Mit Zitronensaft beträufeln. Joghurt mit Ingwer und Curry verrühren. Unter das Fleisch mischen und zugedeckt über Nacht im Kühlschrank marinieren.

> Zubereitung/Lammcurry
> WMF-Schnelltopf 2,7 l o. 3,0 l

2. Butter im Schnelltopf erhitzen. Geschälte gewürfelte Zwiebeln und Knoblauchzehe darin goldgelb braten. Fleisch zugeben und unter ständigem Wenden Knoblauchzehe darin goldgelb braten. Fleisch zugeben und unter ständigem Wenden 15 Minuten anbraten. Lamm-Fond zugießen, so daß die Fleischstücke eben von Flüssigkeit bedeckt sind. Topf schließen. GAREN 2. Ring 15 Minuten.

> Zubereitung Erbsen und
> Karotten
> WMF-Schnelltopf 2,7 l

3. In den ungelochten Einsatz die unaufgetauten Erbsen und Karotten geben. Mit etwas Zucker und Salz würzen. Butter zugeben. In den Schnelltopf stellen, heißen Gemüse-Fond angießen. Topf schließen. GAREN 2. Ring 5 Minuten.
4. Erbsen und Karotten abtropfen lassen. Die abgezogenen Tomaten in Streifen schneiden und dabei entkernen. Beides in das gegarte Lammcurry geben. Mit Zimt, Kardamom, Kümmel, Pfeffer und eventuell mit etwas Salz abschmecken. Gehackte Petersilie unterheben.

Beilagenempfehlung: Mit körnig gekochtem Reis servieren.

> Pro Person etwa 786 kcal;
> 3277 kJ; 35 g E; 64 g F; 9 g Kh

Brandenburger Lammfleisch-Topf

800 g Lammfleisch (Hals, Nacken
oder Kamm)
2 Zwiebeln
30 g BUTARIS Butterschmalz
125 ml Rotwein
frisch gemahlenen schwarzen
Pfeffer, Salz
400 ml LACROIX Lamm-Fond
600 g frische junge Bohnen oder
IGLO Grüne Küche Junge Brechbohnen
400 g Kartoffeln
400 ml LACROIX Gemüse-Fond
Bohnenkraut kann mit Petersilie
ausgetauscht werden

> Zubereitung Lammfleisch
> WMF-Schnelltopf 2,7 l o. 3,0 l

1. Das Lammfleisch in etwa 3 cm große Würfel schneiden. Zwiebeln kleinschneiden. Im Schnelltopf Butterschmalz erhitzen und das Lammfleisch darin anbraten, mit Rotwein ablöschen. Zwiebeln sowie die Gewürze zugeben, mit dem Lamm-Fond aufgießen. Topf schließen. GAREN 2. Ring 15 Minuten (je nach Beschaffenheit des Fleisches).
2. Frische Bohnen putzen, kleinschneiden. IGLO Grüne Küche Bohnen nicht an- oder auftauen.
3. Kartoffeln schälen und würfeln.

> Zubereitung Bohnen/Kartoffeln
> WMF-Schnelltopf 2,7 l o. 3,0 l

4. In den Schnelltopf Gemüse-Fond geben. Kartoffelwürfel und Bohnen dazu. Bohnenkraut oder gehackte Petersilie aufstreuen. Topf schließen. GAREN 2. Ring 5–6 Minuten.
5. Das gegarte Bohnen-Kartoffelgemüse unter das Lammfleisch geben.

> Pro Person etwa 708 kcal;
> 2873 kJ; 39 g E; 41 g F; 23 g Kh

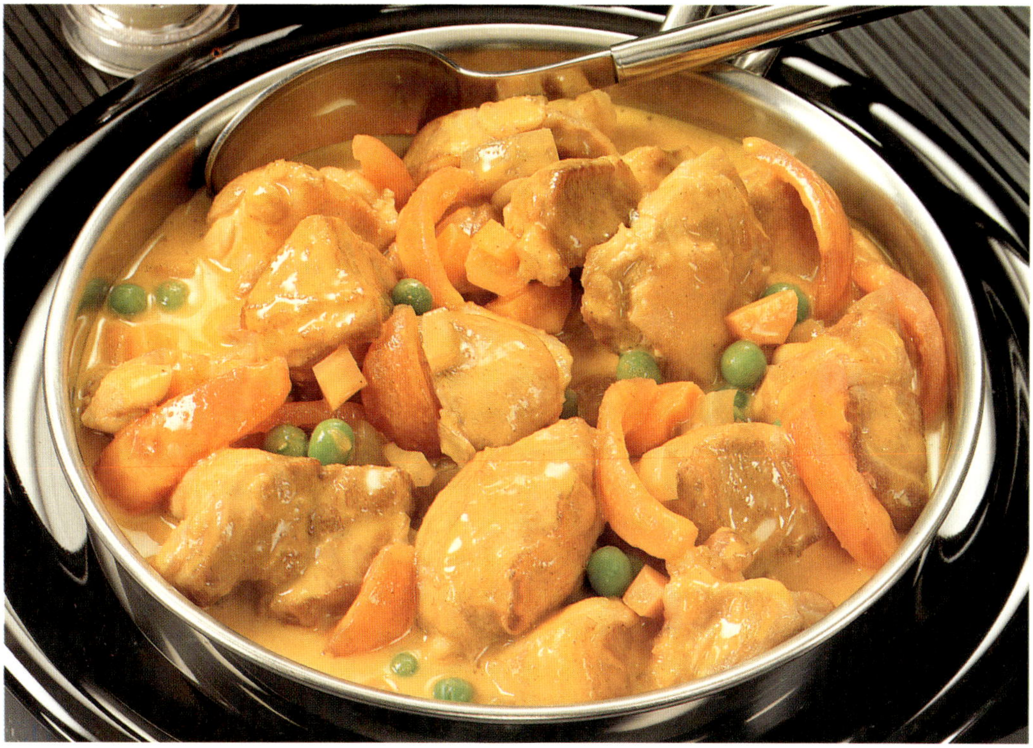

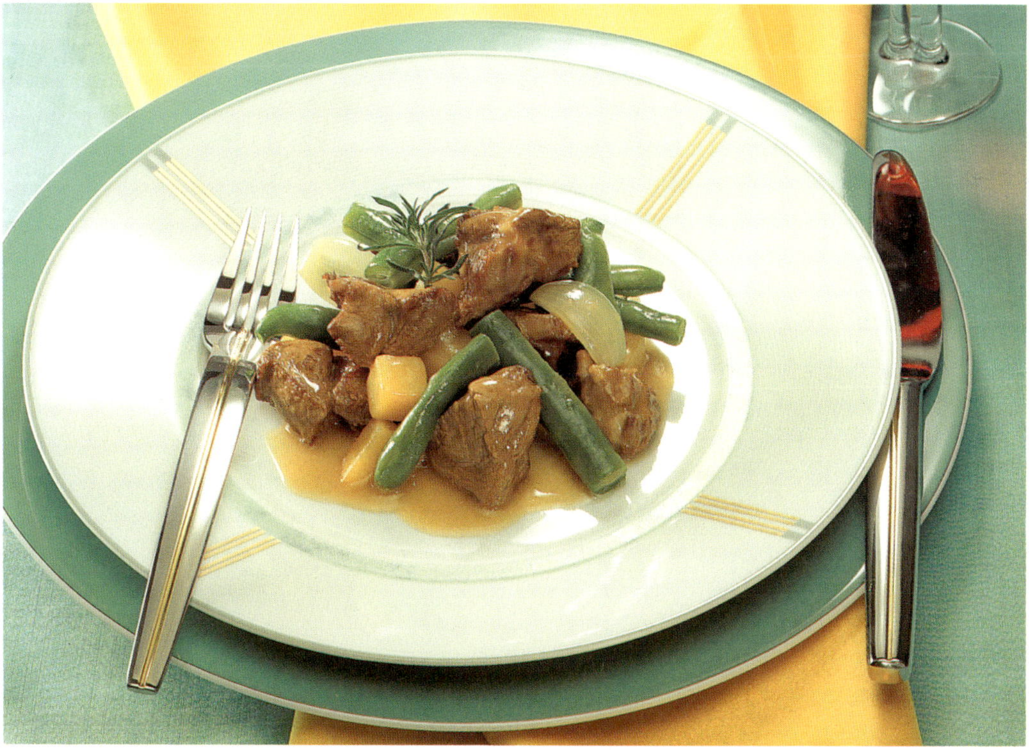

Schweinenacken in Blätterteig

600 g Schweinenacken
400 g IGLO TK-Blätterteig
40 g BUTARIS Butterschmalz
1–2 EL Dijon-Senf
FUCHS Meersalz
3 TL frisch gemahlenen schwarzen Pfeffer
2 TL Rosenpaprika
1 Ei Gew.-Kl. 3

Zubereitung
WMF-Schnellpfanne
ZENKER-Universal Backblech

1. In der Schnellpfanne das Butterschmalz erhitzen und den Schweinenacken ungewürzt rundum goldbraun anbraten, auskühlen lassen. Aus Senf und den Gewürzen eine Gewürzmischung bereiten.
2. Den Blätterteig nach Packungsanweisung auftauen. Dann nach Möglichkeit auf einer Marmorplatte ein Rechteck 4 mm dick ausrollen. Um den Schweinenacken einhüllen zu können, sollte das Rechteck etwa 12 cm länger und 4 cm breiter als der Umfang vom Fleisch sein.
3. Den angebratenen Schweinenacken mit der Würzmischung einreiben und auf die Mitte des ausgerollten Blätterteigs legen. Das Ei in Eiweiß und Eigelb trennen. Mit dem Eiweiß die Teigränder einstreichen und den Teig so über das Fleisch legen, daß es fest eingeschlossen ist. Die Nahtstellen gut andrücken! Dann mit dem Schluß

nach unten auf das mit Wasser benetzte Backblech legen. Aus den Teigresten Streifen schneiden und sie als Gitter auflegen. Mit einer Nadel oder Gabel Luftlöcher in den Teig einstechen. Das Eigelb mit Milch oder Sahne verquirlen und den Blätterteig damit einstreichen. 20 Minuten ruhenlassen.
4. Den Backofen auf 180–200°C aufheizen. (Heißluft 160–180°C) Backzeit ca. 45 Minuten.
Nach dem Backen noch 10 Minuten stehenlassen. Dann erst aufschneiden.

Servieren: Der Schweinenacken in Blätterteig kann warm und kalt serviert werden. Dazu Meerrettich-Sahne-Sauce und grüne oder gemischte Salate reichen.

Pro Person etwa 1075 kcal;
3011 kJ; 19 g E; 58 g F; 24 g Kh

Junge Wildente geschmort

2 junge Wildenten à 700–800 g
Salz, Pfeffer, Majoran
1 Orange ungespritzt
50 g BUTARIS Butterschmalz
50 ml Cognac
175 ml Wcißwein (Riesling)
200 ml LACROIX Geflügel-Fond
200 g LACROIX Sauce double
für Wild

Hinweis: Nur junge Wildenten kaufen. Alte Wildenten sind meist tranig!

Zubereitung
WMF-Schnelltopf 3,0 l o. 5,0 l

1. Die Enten jeweils in 4 Teile zerlegen, waschen und trockentupfen. Innen und außen mit den Gewürzen und der geriebenen Orangenschale einreiben.

2. Butterschmalz im Schnelltopf erhitzen und die Ententeile rundum goldgelb anbraten, mit Weinbrand löschen. Heißen Fond, Wein und Saft der Orange zufügen. Topf schließen.
GAREN 2. Ring 8–10 Minuten.
3. Sauce double in den Bratenfond einrühren, kurz aufkochen und abschmecken.

Dazu schmecken Erbsen und Ingwerreis. Dafür 30 g sehr klein gehackten Ingwer in 10 g Butterschmalz ganz kurz andünsten und unter den gedünsteten Reis unterrühren.

Pro Person etwa 700 kcal;
2940 kJ; 86 g E; 26 g F; 11 g Kh

Angebratenen Schweinenacken mit der Würzmischung einreiben

Schweinenacken auf den ausgerollten Blätterteig
legen, die Teigränder mit Eiweiß einstreichen

Den Schweinenacken in den Blätterteig einwickeln

Aus Teigresten Streifen als Gitter auflegen,
Luftlöcher einstechen

Der fertiggegarte Schweinenacken im Anschnitt

Lammragout mit Wildreis-Komposition

600 g Lammfleisch aus der Keule
30 g BUTARIS Butterschmalz
FUCHS Meersalz, Pfeffer aus der
Mühle
1 Kräutersträußchen (Thymian,
Rosmarin, Petersilie)
2 EL Tomatenmark
1 Lorberblatt
100 ml Rotwein
120 ml Lamm-Fond
FUCHS Zwiebelsalz
200 g Crème double

Zutaten Wildreis-Komposition

120 g Wildreis
1 Btl. 125 g Kochbeutel-Langkornreis
50 g Butter
50 g SCHWARTAU süße Mandeln
gehobelt
Meersalz

Zubereitung
WMF-Schnelltopf 2,5 l o. 3,0 l

1. Lammfleisch enthäuten, grobes
Fett abschneiden und in etwa 4 cm
große Würfel schneiden. Mit Pfeffer
bestreuen.
2. Butterschmalz im Schnelltopf erhitzen. Die Fleischwürfel goldbraun
rundherum anbraten. Mit Rotwein
und Lamm-Fond ablöschen.
3. Kräutersträußchen, Tomatenmark
und Lorbeerblatt zum Fleisch geben. Topf schließen.
GAREN 2. Ring 10–15 Minuten (je
nach Beschaffenheit des Fleisches).
4. Kräutersträußchen und Lorbeerblatt entfernen. Fleisch aus dem
Fond herausnehmen und warm stellen. Den Fond im offenen Schnelltopf aufkochen und um $1/3$ reduzieren. Crème double einrühren und

mit Zwiebelsalz abschmecken. Kurz
aufkochen, das Fleisch zugeben.
5. Den Wildreis nach Packungsan-
gabe zubereiten. Dann mit dem im
Kochbeutel gegarten Langkornreis
mischen.
6. Die Butter erhitzen, die Mandeln
darin goldgelb rösten. Zusammen
mit der Butter unter den Reis
heben.

Beilagenempfehlung: Je nach Geschmack gemischter Salat, Butter-
bohnen oder Rosenkohl.

Pro Person etwa 659 kcal; 2765
kJ; 29 g E; 50 g F; 29 g Kh

Geschmorte Ente in Orangensauce

1 junge Ente (ca. 1,2 kg),
küchenfertig in 4 Teile zerlegt
Salz, weißer Pfeffer, Majoran
40 g BUTARIS Butterschmalz
400 ml LACROIX Geflügel-Fond
60 ml Cointreau
2 Orangen (ungespritzt)
8 g Speisestärke
1 Dose (netto 310 g) Mandarin-
Orangen

Zubereitung
WMF-Schnelltopf 2,7 l o. 3,0 l

1. Butterschmalz im Schnelltopf er-
hitzen. Die Ententeile mit den Ge-
würzen einreiben und im heißen Fett
goldbraun anbraten. Mit Geflügel-
Fond ablöschen. Die geriebene
Orangenschale und Saft zufügen.
Topf schließen.
GAREN 2. Ring 8–10 Minuten.

2. Nach dem Garen die Ententeile
herausnehmen und warm stellen,
den Fond um $1/3$ einkochen.
Cointreau zugeben und mit an-
gerührter Speisestärke die Sauce
binden. Die Mandarin-Orangen-
Schnitze zufügen.

Beilagenempfehlung: in Butter
geschwenkte junge Erbsen und
Ingwerreis. Dafür in 10 g Butterschmalz 30 g klein geschnittenen
Ingwer kurz andünsten und sofort
unter den fertig gekochten Reis
unterrühren.

Pro Person etwa 292 kcal;
1225 kJ; 56 g E; 64 g F; 18 g Kh

Rösti-Kartoffeln (alternativ für Reis)
600 g Kartoffeln (Bintje oder
Urgata)
50 g BUTARIS Butterschmalz
Meersalz, frischer weißer Pfeffer
1. Kartoffeln tags zuvor kochen.
12 Stunden ruhenlassen. Schälen

und durch eine Rösti-Raffel in eine
Schüssel reiben.
2. In einer WMF-Schnellpfanne die
Hälfte Butterschmalz zergehen
lassen. Kartoffeln zufügen, bei
mäßiger Hltze unter häufigem
Wenden gut 15 Minuten anbraten.
Mit Salz und Pfeffer zwischendurch
würzen. Mit der Bratschaufel
Kuchen formen und gut andrücken.
Restliches Butterschmalz entlang
dem Rösti in Flocken beigeben. 15
bis 20 Minuten bei Mittelhitze braten, bis sich eine goldbraune Kruste
gebildet hat. Dann wenden und die
andere Seite etwa 15 Minuten bei
mäßiger Hitze goldbraun braten.

**Lammragout mit Wildreis-
Komposition**

Ente mit Orangen, Äpfeln und Rotkohl

1 Ente von ca. 1 kg bis 1,3 kg
Salz
Oregano
weißer Pfeffer
3 Äpfel (Boscop)
30 g BUTARIS Butterschmalz
2–3 Orangen (Saft auspressen)
$1/8$ l Weißwein
$1/8$ l Wasser
2 TL Mondamin
200 ml Sahne
Sherry, Rosenpaprika
4–6 Orangenscheiben
4–6 Maraschino-Kirschen
450 g IGLO TK-Apfel-Rotkohl

Zubereitung
WMF-Schnelltopf 2,7 l, 3,0 l
o. 5,0 l

1. Die Ente gut waschen. Innen und außen mit Salz, Oregano und frisch gemahlenem weißen Pfeffer würzen. Die Äpfel schälen, vierteln, das Kerngehäuse herausschneiden, in die Ente füllen und zunähen. Butterschmalz im Schnelltopf erhitzen. Die Ente rundherum goldbraun anbraten. Mit dem Wein und dem Wasser ablöschen.
Topf schließen.
GAREN 2. Ring 15–18 Minuten.
2. Den Apfelrotkohl unaufgetaut in den ungelochten Einsatz geben, und über $1/8$ l Wasser stellen.
Topf schließen.
GAREN 2. Ring 6–7 Minuten.
3. Die Ente nach der Bratzeit aus dem Schnelltopf herausnehmen. Den Bratenfond mit dem Orangensaft ablöschen. Mondamin mit der Sahne anrühren, zum Bratenfond einrühren, kurz aufkochen. Mit Sherry und Rosenpaprika abschmecken.
4. Die Ente mit den Orangenschei-

ben und den Maraschino-Kirschen garnieren.

Pro Person etwa 1018 kcal; 4275 kJ; 53 g E; 57 g F; 54 g Kh

Alternativ:
200 g LACROIX Sauce double für Fisch, Geflügel und Pasta erhitzen. Dieselbe Menge vom mit Orangensaft abgelöschten Bratenfond mit dem Schneebesen unterschlagen. Reicht der Bratenfond nicht aus, mit Sahne auffüllen. Nach Gusto abschmecken.

Hähnchenhack in Wirsingröllchen

750 g Wirsing
Meersalz
450 g Hähnchenmägen
40 g Schalotten, feingehackt
30 g Butterschmalz
50 g Semmelbröseln
50 ml Vollmilch
2 Eier Gew.-Kl. 3
2 TL milerb Majoran
3 Prisen gemahlenen Koriander
frischer weißer Pfeffer
125 ml LACROIX Gemüse-Fond
150 g Crème fraîche
10 ml Zitronensaft
$1/2$ TL SCHWARTAU Citro-Back
1 Prise Zucker

Zubereitung
WMF-Schnelltopf 2,0 l und
Schnellpfanne

1. Vom Wirsing 12 gute Blätter ablösen. Im Schnelltopf 1 l Wasser mit Salz zum Kochen bringen. Die Wirsingblätter hineinlegen, gut 5 Minuten bei offenem Topf kochen. Mit dem Schaumlöffel die Blätter herausnehmen und in einem Sieb mit kaltem Wasser abschrecken. Auf einem Küchentuch abtropfen lassen. Die dicken Blattrippen mit einem scharfen Messer glatt abschneiden.
2. Hähnchenmägen in der Küchenmaschine fein zerhacken, Butter in der Schnellpfanne erhitzen. Schalotten und Hähnchenhack darin anbraten.
3. Semmelbröseln mit der Milch verrühren. Etwa 10 Minuten quellen lassen. Danach Hähnchenhack, Schalotten, Eier, Majoran und 2 Prisen Koriander zufügen. Miteinander verkneten, salzen und pfeffern. Mit einem Eßlöffel die Masse auf die Wirsingblätter geben, zusammenrollen und nebeneinander in die Schnellpfanne einlegen. Den Ge-

müse-Fond zugießen. Schnellpfanne schließen.
GAREN 2. Ring 6–8 Minuten.
4. Crème fraîche, Zitronensaft und Citro-Back, Zucker, Salz und restlichen Koriander verrühren. Nach dem Öffnen der Schnellpfanne zwischen die Wirsingröllchen gießen. Topf schließen und noch etwa 5 Minuten überbacken (1. Ring). Nach 5 Minuten die Schnellpfanne sofort von der Kochstelle herunternehmen und nach Vorschrift öffnen. Die Wirsingröllchen herausnehmen und mit einem Schneebesen die Sauce glattrühren.

Beilagenempfehlung: Salzkartoffeln

Pro Person etwa 483 kcal; 2028 kJ; 28 g E; 30 g F; 19 g Kh

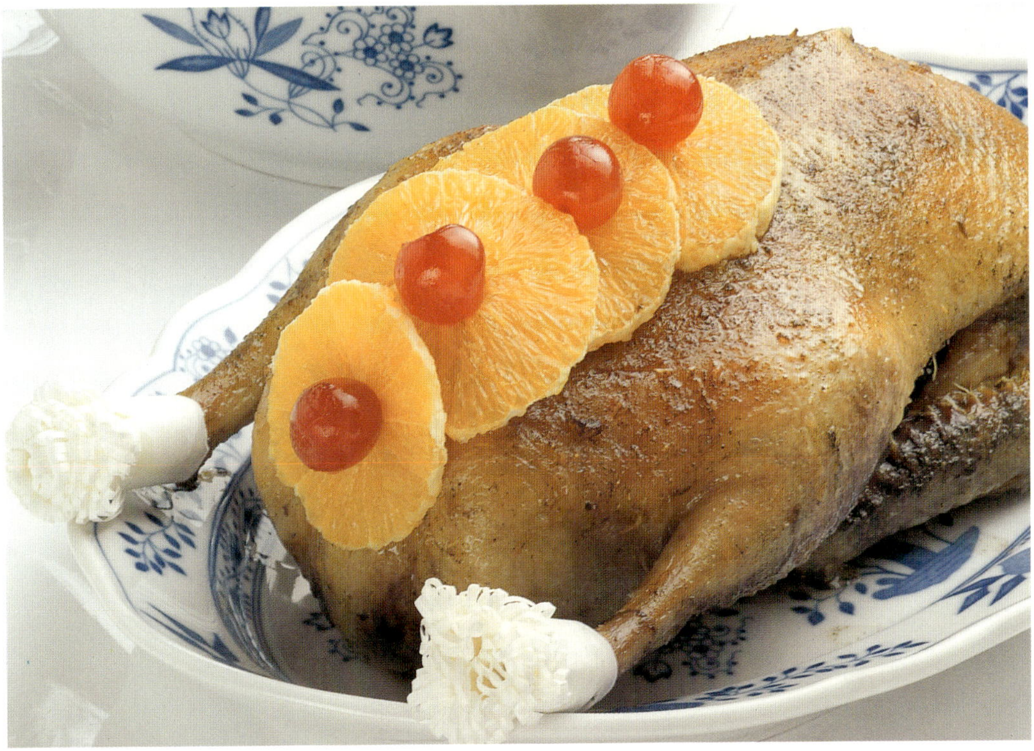

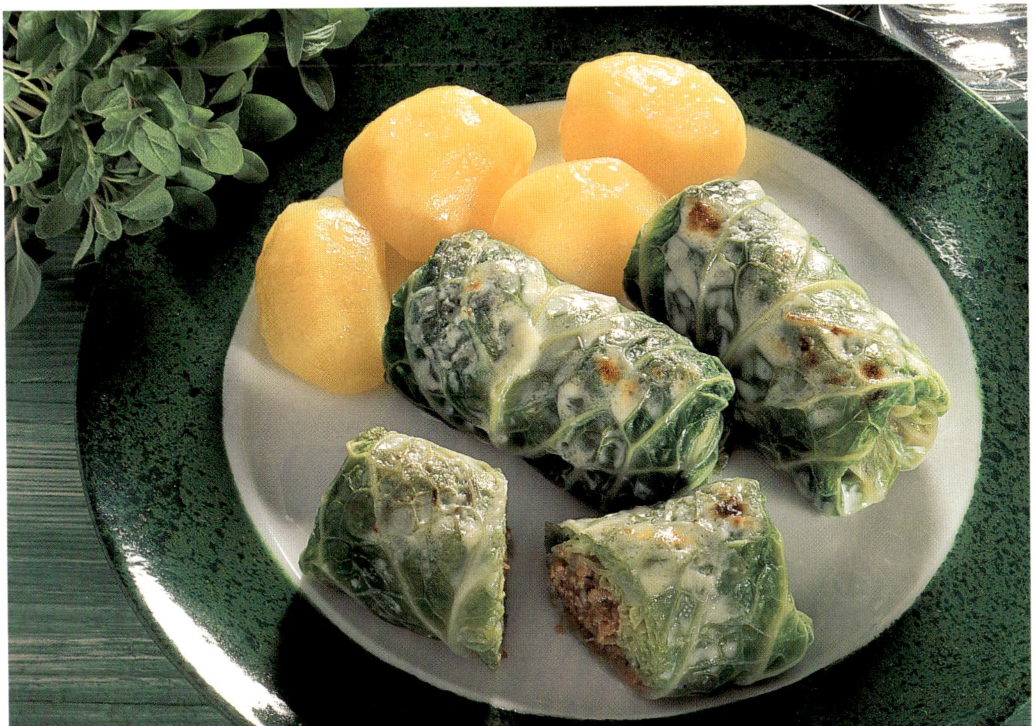

Flugentenbrüstchen auf Orangen

2 Flugentenbrüstchen (ca. 400 g)
Meersalz, frischer schwarzer Pfeffer
2 EL THOMY Sonnenblumenöl
2 Orangen
einige frische Blätter Thymian und
Estragon
125 ml THOMY Knoblauch-Grill-
Sauce

Zubereitung
ZENKER-Universal-Backblech
MELITTA Alufolie

1. Flugbrüstchen entbeinen und halbieren, so daß 4 Hälften entstehen. Mit Salz und frisch gemahlenem Pfeffer einreiben. Das Öl erhitzen und die Brüstchen von beiden Seiten goldgelb anbraten. Die Orangen in Scheiben schneiden. Aus der Alufolie 4 Stücke so groß schneiden, daß die Brüstchen darin verpackt werden können. Auf jedes Stück Alufolie je 2 Scheiben Orangen legen, darauf eine Flugentenbrust-Hälfte und mit den Thymian- und Estragonblättern belegen. Mit der Alufolie fest verschließen. Im vorgeheizten Backofen bei 250 °C etwa 20–25 Minuten garen. Das Entenfleisch soll noch rosa sein!

2. Nach dem Garen die Brüstchen noch gut 10 Minuten ruhenlassen. Dann in dünne Scheiben schneiden. Mit den Orangenscheiben auf 4 vorgewärmten Tellern anrichten. Mit der Knoblauch-Grill-Sauce garnieren.

Pro Person etwa 200 kcal; 840 kJ; 21 g E; 10 g F; 7 g Kh

Gänsebrustfilets auf Apfelspalten mit Hagebuttenmus

2 Gänsebrüste á 750 g
Meersalz
frisch gemahlener schwarzer Pfeffer
200 ml LACROIX Geflügel-Fond
4 Äpfel (Boskop)
1 Pfirsich
40 g BUTARIS Butterschmalz
250 g Hagebuttenmus
1 TL Honig
Cayennepfeffer
1 Zitrone (unbehandelt)

Zubereitung
WMF-Schnellpfanne o.
-Schnelltopf 3,0 l

1. Aus jeder Gänsebrust 2 Filets mit Haut auslösen. Die Haut schräg einschneiden. Filets salzen, mit der Haut nach unten in die Schnellpfanne legen. 7–8 Minuten anbraten (Pfanne dabei nicht schließen).
2. In den Schnelltopf den Geflügel-Fond gießen. Die Gänsefilets zusammen mit dem Fett, welches beim Braten in der Pfanne ausgetreten ist, in den ungelochten Einsatz geben. Die Gänsefilets mit frisch gemahlenem Pfeffer würzen. Den Einsatz über den Fond stellen. Topf schließen.
GAREN 2. Ring 8–10 Minuten.
3. Äpfel schälen, Kerngehäuse entfernen und in Spalten schneiden. Pfirsich waschen, halbieren und in kleine Würfel schneiden. Die Apfelspalten im Butterschmalz anbraten.
4. Hagebuttenmus mit Honig erhitzen, mit Salz, Cayennepfeffer, abgeriebener Zitronenschale und Zitronensaft abschmecken.

5. Auf vorgewärmten Tellern die Apfelspalten verteilen. Die Gänsebrustfilets aufschneiden und vor den Apfelspalten anrichten. Die Pfirsichwürfel darüberstreuen und Hagebuttenmus auflegen.
Hinweis: Geflügel-Fond zusammen mit dem Bratfett für eine Geflügelsuppe verwenden.

Pro Person etwa 1240 kcal; 5212 kJ; 43 g E; 85 g F; 34 g Kh

Fisch

Dorschfilets auf gedünsteten Gurkenscheiben

Bild Seite 128/129

4 Dorschfilets à 200 g
80 g Schalotten
1 Salatgurke 600–700 g
3 EL Zitronensaft
60 g BUTARIS Butterschmalz
125 ml Weißwein (halbtrocken)
FUCHS Meersalz
frisch gemahlener weißer Pfeffer
400 ml süße Sahne
1–2 EL frischer gehackter Dill

Zubereitung
WMF-Schnelltopf 2,7 l o. 3,0 l
Schnellpfanne

1. Die Dorschfilets waschen und trockentupfen. Mit Zitronensaft bestreichen und durchziehen lassen.
2. Schalotten schälen und in kleine Würfel schneiden. Die Salatgurke waschen und in ca. 1 cm dicke Scheiben schneiden.
3. $1/4$ l Wasser in den Schnelltopf füllen. Die Dorschfilets etwas salzen und in den ungelochten Einsatz legen. Diesen über das Wasser stellen. Topf schließen.
GAREN 1. Ring 3–4 Minuten. Dorschfilets herausnehmen und warm stellen.
4. Im Schnelltopf Butterschmalz erhitzen und die Schalottenwürfel glasig dünsten. Die Gurkenscheiben zugeben, mit Salz und Pfeffer bestreuen.
Weißwein zufügen. Topf schließen.
GAREN 2. Ring 2–3 Minuten.
5. Die Sahne aufschlagen. Sie soll einen festen Stand haben. Den gehackten Dill unterziehen und mit Salz abschmecken.
Servieren: Die Gurkenscheiben auf einer Platte anrichten, die Dorschfilets darauflegen. Mit wenig Sahne nappieren. Die restliche Sahne in einer Sauciere dazustellen.
Dazu schmecken in Butter geschwenkte Salzkartoffeln.

Pro Person etwa 662 kcal;
2780 kJ; 38 g E; 48 g F; 9 g Kh

Ewerscholle Finkenwerder Art

Zutaten für Kartoffelsalat

800 g Kartoffeln (gelb und festkochend, am besten holländische)
2 Frühlingszwiebel, fein gehackt
5 EL trockenen Weißwein
200 g Mayonnaise 50% F.
200 g Sahnejoghurt
2 EL Zitronensaft
1 TL Zucker
FUCHS Meersalz
frischer weißer Pfeffer

Zutaten für Ewerscholle

4 frische Schollen
Saft 1 Zitrone
200 g durchwachsener Speck
70 g BUTARIS Butterschmalz
60 g Weizenmehl
FUCHS Meersalz
2 unbehandelte Zitronen

Anmerkung: Den Kartoffelsalat zuerst bereiten und gut durchziehen lassen. Für einen gelungenen Kartoffelsalat ist die Wahl der richtigen Kartoffelsorte Voraussetzung. Nur mit festkochenden Kartoffeln (Salatkartoffeln) bekommt man einen saftigen Kartoffelsalat.
Bei den Kartoffeln auf annähernd gleiche Größe achten!

Zubereitung Kartoffelsalat
WMF-Schnelltopf 2,7 l o. 3,0 l

1. Kartoffeln waschen und in den gelochten Einsatz geben. $1/4$ l Wasser in den Schnelltopf füllen und den Einsatz mit den Kartoffeln darüberstellen. Topf schließen.
GAREN 2. Ring 8–10 Minuten. Den Schnelltopf nach dem Garen von Pellkartoffeln erst öffnen, wenn

sich das Kochsignal ganz gesenkt hat. Beim Schnellabdampfen würden die Kartoffeln platzen.
2. Noch heiß schälen, in Scheiben schneiden und sofort, solange sie heiß sind, mit dem Weißwein begießen und durchziehen lassen.
3. Mayonnaise mit Joghurt verrühren, mit Zitronensaft, Zucker, Salz und Pfeffer abschmecken. Die gehackten Frühlingszwiebel unterrühren. Sobald die Kartoffelscheiben abgekühlt sind, die Mayonnaise vorsichtig unterheben. Abdecken und durchziehen lassen.

Zubereitung Ewerscholle
WMF-Schnellpfanne

1. Den Speck fein würfeln. In der Schnellpfanne Butterschmalz erhitzen und die Speckwürfel darin auslassen. Mit einem Schaumlöffel die Würfel aus der Pfanne herausnehmen und warm stellen.
2. Die beim Fischhändler bereits ausgenommenen und von Kopf und Flossen befreiten Schollen waschen, salzen und mit Zitronensaft beträufeln. Jetzt nacheinander im Mehl wenden und im Butter-Speckfett-Gemisch von jeder Seite goldbraun braten. Gebratene Schollen warm stellen.
3. Auf vorgewärmten Tellern jeweils eine Scholle mit der hellen Seite nach oben legen. Die Speckwürfel, wenn alle Schollen gebraten sind, in der Pfanne kurz erhitzen und auf den Schollen verteilen. Zitronenscheiben zulegen und den Kartoffelsalat dazu reichen.

Kartoffelsalat pro Person etwa
523 kcal; 2196 kJ; 6 g E; 32 g F;
49 g Kh

Ewerscholle pro Person etwa
736 kcal; 3091 kJ; 40 g E; 53 g F;
12 g Kh

Rotbarschfilet auf Champagner-Sauerkrautbett

4 Rotbarschfilets à 250 g
Saft ½ Zitrone
Meersalz, frisch gemahlener weißer Pfeffer
30 g Schalotten, klein gewürfelt
50 g BUTARIS Butterschmalz
500 g Sauerkraut
400 ml Champagner oder Sekt
1 Lorbeerblatt
4 Wacholderbeeren

Zubereitung
WMF-Schnelltopf 2,7 l o. 3,0 l

1. Rotbarschfilets kalt abspülen und trockentupfen. Mit Zitronensaft beträufeln, salzen und pfeffern.
2. Butterschmalz im Schnelltopf erhitzen und die Schalottenwürfel glasig dünsten. Mit 250 ml Champagner ablöschen, Sauerkraut zugeben. Lorbeerblatt und Wacholderbeeren zufügen. Die Rotbarschfilets auf das Sauerkraut legen. Topf schließen.
GAREN 1. Ring 5 Minuten.
Sauerkraut anrichten, Fischfilets auflegen, restlichen Champagner über die Fischfilets und Sauerkraut gießen.
Salzkartoffeln dazu reichen.

Pro Person etwa 522 kcal;
2194 kJ; 47 g E; 21 g F; 8 g Kh

TIP
**Erfolgreich einfrieren. Vorsicht bei Fisch und Krustentieren. Die Veränderung bis zum Verderb läuft viel schneller ab als bei Fleisch. Deshalb nur einmal einfrieren und aufgetaut immer sofort verwenden.
Auch tiefgefrorene Fischgerichte, die im Handel als Fertiggerichte gekauft werden, sofort verzehren sobald sie aufgetaut sind. Sie dürfen nicht wieder eingefroren werden.**

Heilbuttsteaks auf Blattspinat in Riesling-Sahne-Sauce

600 g weiße Heilbuttsteaks
3 EL Zitronensaft
600 g IGLO Grüne Küche 2 Packg.
TK-Blattspinat (2 Packg. à 300 g)
30 g BUTARIS Butterschmalz
250 ml LACROIX Kalbs-Fond

Für die Riesling-Sahne-Sauce
400 ml Riesling
150 g Crème fraîche
3 Eigelb Gew.-Kl. 3
Salz, frisch gemahlener weißer
Pfeffer
1 EL gehackte Petersilie
150 ml süße Sahne

> Zubereitung
> WMF-Schnelltopf 3,0 l o. 5,0 l

1. Heilbuttsteaks mit Zitronensaft beidseitig beträufeln. 15 Minuten stehenlassen.
2. Kalbs-Fond im geöffneten Schnellkochtopf erhitzen. Den unaufgetauten Spinat in den heißen Fond legen. Topf schließen. GAREN 2. Stufe 3 Minuten. Den Topf von der Kochstelle nehmen. Kaltes Wasser über den Deckel laufen lassen, bis das Kochsignal im Griff ganz verschwunden ist. Topf öffnen. Heilbuttsteaks auf den Spinat legen und leicht mit Pfeffer bestreuen. Topf schließen. GAREN 2. Ring 5 Minuten.

**Zubereitung
Riesling-Sahne-Sauce**
In einer Sauteuse Riesling aufkochen und von der Kochstelle absetzen. Crème fraîche mit einem Schneebesen einrühren. Die verquirlten Eigelb unterziehen. Die Sauce darf jetzt nicht mehr kochen, da sie dann gerinnt. Die Sahne aufschlagen. Zwei Drittel der geschlagenen Sahne vorsichtig unter die Sauce heben. Den Rest auf die Sauce auflegen.
4. Zuerst die Heilbuttsteaks herausnehmen und warm stellen. Den Spinat auf Teller verteilen. Auf den Spinat jeweils ein Fischsteak legen. Mit der Sauce napieren.

Beilagenempfehlung: Tomatensalat und Butterkartoffeln.

> Pro Person etwa 628 kcal;
> 2637 kJ; 38 g E; 40 g F; 9 g Kh

Sylter Fischersuppe

100 g Schalotten
400 g Fleischtomaten
400 g frisches Kabeljaufilet
400 g frisches Rotbarschfilet
Saft von 1 Zitrone
40 g BUTARIS Butterschmalz
200 g frische Shrimps
150 g Muscheln (in Ds. Abtropfgewicht)
2 zerdrückte Knoblauchzehen
250 ml trockener Weißwein
400 ml LACROIX Hummer-Fond
Salz, frisch gemahlener schwarzer
Pfeffer
1 Kapsel Safran
4 Eigelb Gew.-Kl. 3
250 g Crème double
1 EL feingehackte Petersilie

Anmerkung: Für die frischen Fischfilets können IGLO TK-Feine Rotbarsch- und Feine Kabeljaufilets eingesetzt werden.

> Zubereitung
> WMF-Schnelltopf 3,0 l

1. Schalotten häuten und kleinschneiden. Tomaten in kochendes Wasser tauchen, häuten und vierteln.
2. Die Fischfilets waschen, trockentupfen und in mundgerechte Stücke schneiden, mit Zitronensaft beträufeln. Die Shrimps ebenfalls waschen und trockentupfen. Die Muscheln abtropfen lassen.
3. Im Schnellkochtopf Butterschmalz erhitzen. Die kleingeschnittenen Schalotten glasig dünsten. Knoblauch, Tomaten und Weißwein zugeben. Topf schließen. GAREN 2. Ring 4 Minuten.
4. Den Topfinhalt durch ein Sieb gießen. Das Kochgut nicht durchpassieren, sondern nur gut ausdrücken. Den Hummer-Fond zugießen und mit Salz und Pfeffer abschmecken. Safran zugeben und zum Kochen bringen: Die Fischstücke einlegen. Topf schließen. GAREN 1. Ring 2–3 Minuten.
5. Den Topf öffnen. Muscheln und Shrimps zugeben. Suppe darf nicht mehr kochen! Die Eigelb mit Crème double verquirlen und vorsichtig in die Suppe einrühren. In Suppenteller verteilen und gehackte Petersilie aufstreuen.

Beilagenempfehlung: Butterreis

> Pro Person etwa 767 kcal;
> 3218 kJ; 54 g E; 49 g F; 8 g Kh

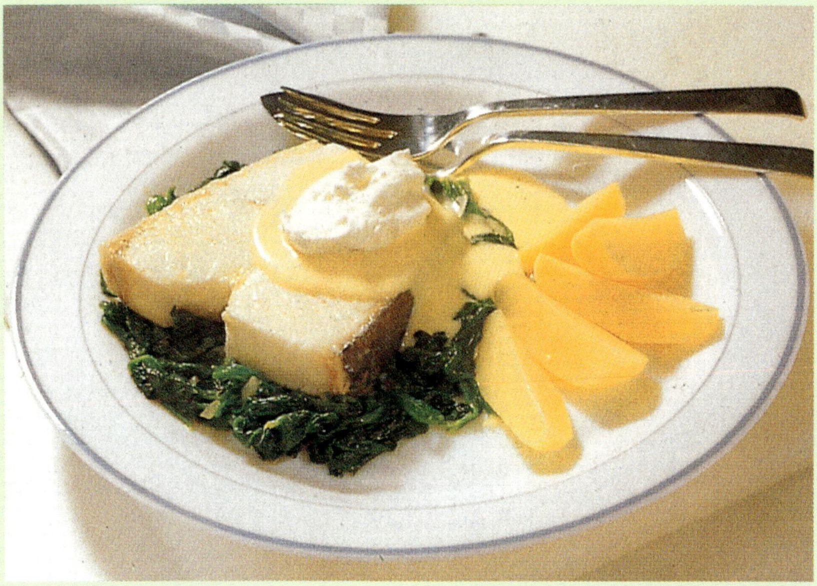

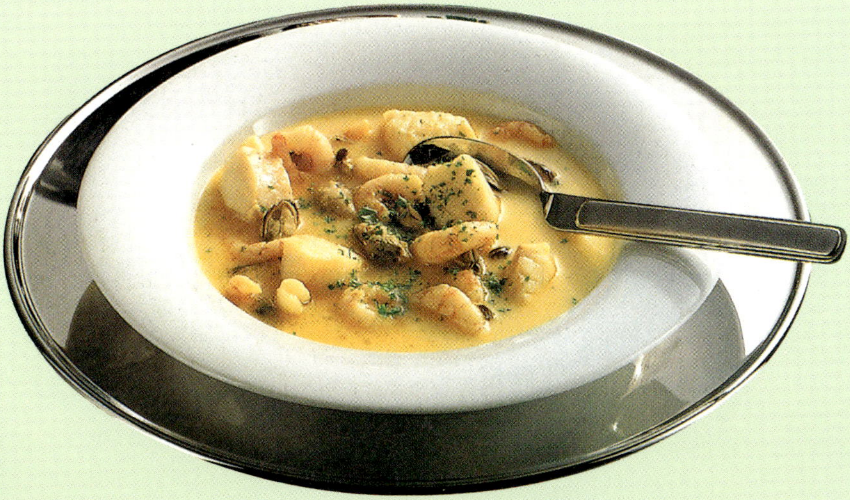

Zanderfilet mit Spreewälder Meerrettichklößen

250 g Schweinehackfleisch
250 g Rinderhackfleisch
40 g Semmelbröseln
2 Eigelb
150 g Weißkohlblätter
1 Zwiebel
1 Pckg. IGLO Grüne Küche
Petersilie
2 gehäufte EL geriebener
Meerrettich
weißer gemahlener Pfeffer
geriebene Muskatnuß
FUCHS Meersalz
1 Lorbeerblatt

Für den Fisch
600 g = 4 Zanderfilets
Meersalz
1/2 Zitrone
1 Zwiebel
20 g BUTARIS Butterschmalz
125 ml Weißwein (halbtrocken)
1 Eigelb

Zubereitung Meerrettichklöße
WMF-Schnelltopf 2,7 l o. 3,0 l

1. Hackfleisch mit den Semmelbröseln, dem Eigelb und der geschälten, feingehackten Zwiebel gut mischen. Weißkohlblätter blanchieren, trockentupfen und feinhacken.
2. Hackfleisch mit Petersilie und dem Meerrettich gut vermengen. Nach Geschmack mit Pfeffer, Muskat und Salz würzen.
3. Mit leicht angefeuchteten Händen 8 Klöße formen.
4. Gemüse-Fond mit Lorbeerblatt in den Schnelltopf geben, aufkochen. Den Einsatz mit dem Fuß darübersetzen. Topf schließen.
GAREN 2. Ring 6–7 Minuten.

Zubereitung Zanderfilets
WMF-Schnellpfanne

5. Zanderfilets kurz waschen, trockentupfen, salzen und mit Zitronensaft beträufeln. Zwiebel schälen und feinhacken.
6. Butterschmalz in der Schnellpfanne erhitzen, Zwiebel andünsten. Zanderfilets einlegen und auf beiden Seiten kurz anbraten. Mit dem Weißwein ablöschen, Pfanne schließen.
GAREN 1. Ring 2 Minuten.
7. Zanderfilets auf einer vorgewärmten Platte anrichten. Den Bratfond mit dem Eigelb binden. Die Sauce darf nicht mehr kochen!

Servieren: Auf vorgewärmten Tellern Saucenspiegel aufbringen und darauf Zanderfilets und Meerrettichklöße anrichten. Mit Petersilie garnieren.

Beilagenempfehlung: Salzkartoffeln

Pro Person etwa 719 kcal;
2995 kJ; 57 g E; 40 g F; 14 g Kh

Gedämpfte Fischkoteletts mit Gurkengemüse

125 ml Weißwein (halbtrocken)
1 Zitronenscheibe
1 Lorbeerblatt
FUCHS Meersalz
500 g Salatgurke
2 Essiggurken
1 Schalotte
15 g BUTARIS Butterschmalz
1 EL Essig
1 Päckchen Sauce Hollandaise
1 kg Fischkoteletts (Lachs, Heilbutt, Schellfisch)
weißer Pfeffer
Dill

Zubereitung
WMF-Schnelltopf 2,7 l o. 3,0 l
mit gelochtem Einsatz + Fuß

1. Aus Weißwein, Lorbeerblatt und Zitronenscheibe einen Sud bereiten. Im geschlossenen Topf 2. Ring 3 Minuten köcheln. Topf von der Kochstelle nehmen. Abwarten bis das Kochsignal sich vollständig abgesenkt hat.
2. Gurke schälen, halbieren und mit einem Löffel die Kerne herausnehmen. Essiggurken längs halbieren und entkernen. Beide Gurken in Scheiben schneiden.
3. Butterschmalz in einem kleinen Topf erhitzen und die klein gehackte Schalotte darin anbräunen. Schnelltopf öffnen und das Butterschmalz mit den Schalottenwürfeln zum Sud geben. Die Sauce Hollandaise einrühren. Die Gurkenscheiben und den Essig dazugeben. Topf schließen und garen.
GAREN 2. Ring 2–3 Minuten.
Schnelltopf von der Kochstelle nehmen. Abwarten bis das Kochsignal sich vollständig abgesenkt hat. Erst dann den Topf öffnen. Das Gurkengemüse mit einem Schaumlöffel herausnehmen, warm stellen.
4. Die Fischkoteletts in den gelochten Einsatz legen. Den Fuß in den Schnelltopf stellen. Darauf den Einsatz über den Sud einsetzen. Topf schließen.
GAREN 1. Ring 4–5 Minuten.
Fischkoteletts auf vorgewärmten Tellern anrichten. Den Sud über das Gemüse gießen.

Beilagenempfehlung: Butterkartoffeln

Pro Person etwa 427 kcal;
1766 kJ; 50 g E; 3 g F; 6 g Kh

Oben: Zanderfilet mit Spreewälder Meerrettichklößen

Unten: Gedämpfte Fischkoteletts mit Gurkengemüse

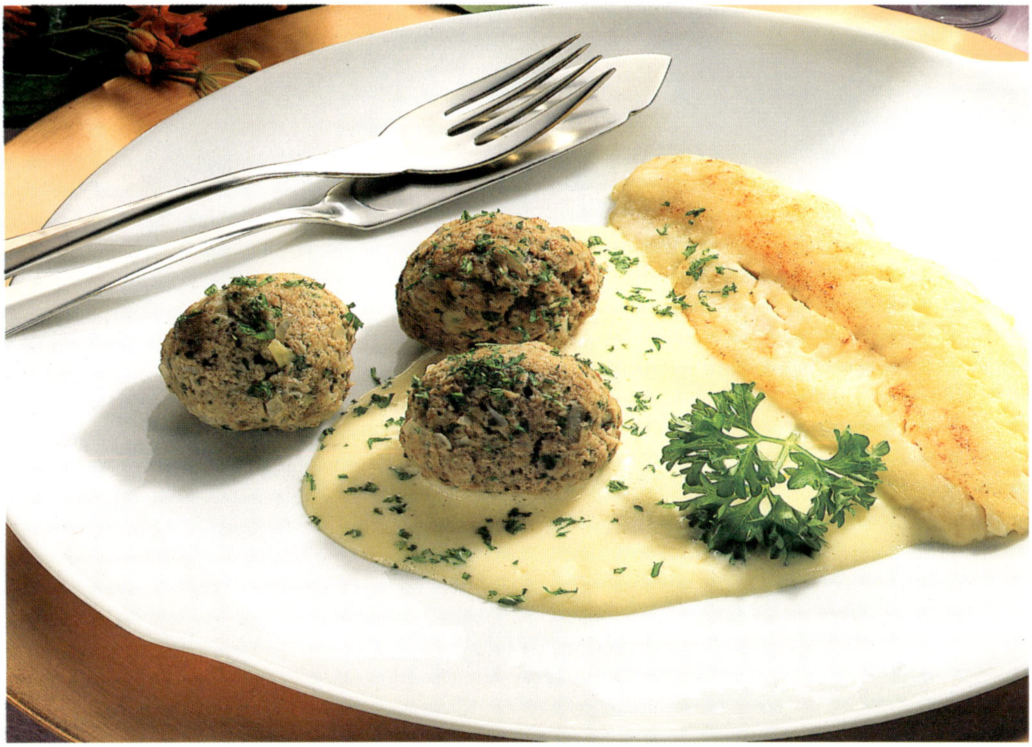

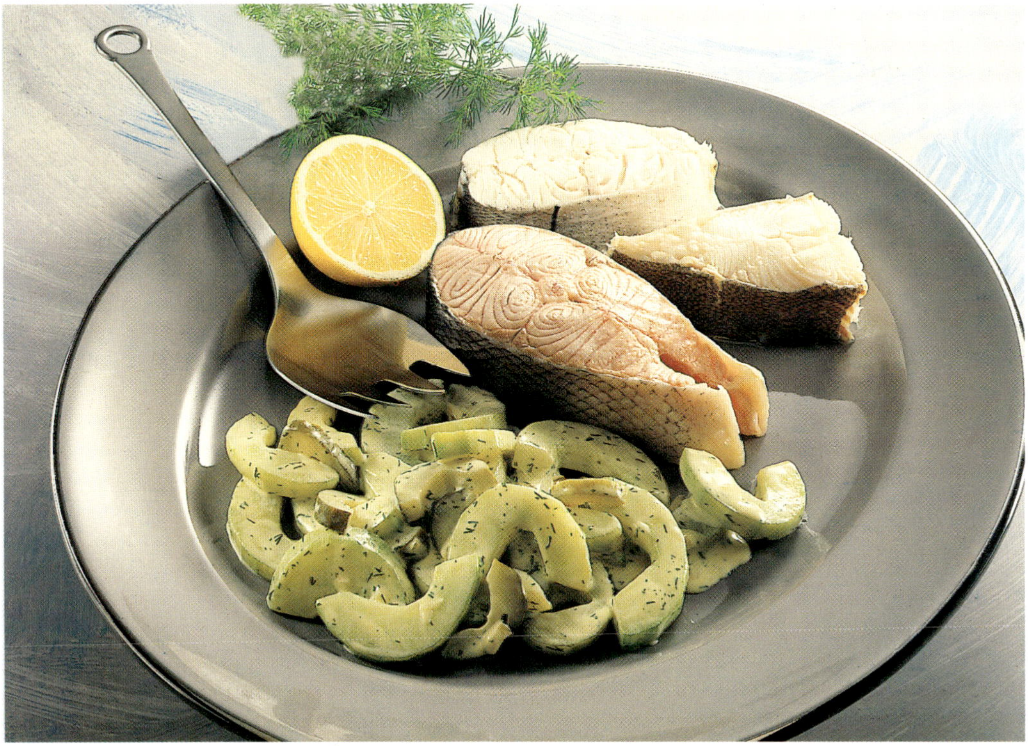

Seezunge mit Knoblauch-Mayonnaise

---

400 g = 8 Seezungenfilets
Meersalz
2 Schalotten
100 ml Weißwein (trocken)
30 ml Sherry (trocken)
400 ml 1 Glas LACROIX
Fisch-Fond
125 g Mayonnaise 80% F.
2–4 Knoblauchzehen
1 TL Zitronensaft
1 EL IGLO Grüne Küche Petersilie

Zubereitung Knoblauch-Mayonnaise
Durchgequetschten Knoblauch unter die Mayonnaise rühren und mit Zitronensaft abschmecken.

Zubereitung Seezunge
WMF-Schnellpfanne

1. Seezungenfilets kurz waschen, trockentupfen, salzen und jeweils zu einer Schleife formen (siehe Bild). In den Topf geben.
2. Schalotten schälen, feinwürfeln und zusammen mit dem Weißwein, Sherry und Fisch-Fond über die Seezungenfilets gießen.
GAREN 1. Ring 2–3 Minuten.
3. Seezungen vorsichtig herausnehmen, je 2 Seezungen-Schleifen auf vorgewärmte Teller legen. Die vorher angemachte Knoblauch-Mayonnaise mit der Petersilie vermischen, etwas Fisch-Fond unterrühren und über die Seezungenschleifen gießen.

Beilagenempfehlung: Petersilienkartoffeln und Salat der Saison.

Pro Person etwa 374 kcal;
1563 kJ; 20 g E; 4 g F; 2 g Kh

Zanderfilets auf zartem Blattspinat

---

800 g Zanderfilets
80 g BUTARIS Butterschmalz
1 Knoblauchzehe, feingehackt
600 g junger Blattspinat
8 Lorbeerblätter
2 cl Sherry (trocken)
FUCHS Meersalz
FUCHS weißer Pfeffer

Zubereitung Spinat
1. Spinat waschen, grobe Stiele entfernen. 50 g Butterschmalz in einer Kasserolle zerlassen, den fein gehackten Knoblauch zufügen. Den Spinat mit dem anhängenden Wasser im Butterschmalz gerade zusammenfallen lassen, salzen und pfeffern. Warm halten.

Zubereitung Zanderfilets
WMF-Schnellpfanne

In der Pfanne restliches Butterschmalz erhitzen. Die Filets wenig salzen und jeweils auf zwei Lorbeerblätter legen und zuerst auf den Lorbeerblättern, dann auf der Rückseite je 2 Minuten braten. Mit dem Sherry ablöschen.
Den Spinat ausdrücken, auf vorgewärmten Tellern anrichten und die Zanderfilets obendrauf legen. Mit dem Bratenfond beträufeln und gut warm servieren.

Beilagenempfehlung: Mandelkroketten

Pro Person etwa 393 kcal;
1647 kJ; 42 g E; 21 g F; 6 g Kh

Lachsforelle mit Spargel

1500 g mitteldicker weißer Spargel
20 g Butter
1 Prise Zucker
Salz
4 Lachsforellen-Filets
FUCHS Zitronen-Pfeffer
30 g BUTARIS Butterschmalz
IGLO Grüne Küche Petersilie
150 g (1 Döschen) Forellenkaviar

Zubereitung Spargel
WMF-Schnelltopf 2,7 l o. 3,0 l

1. Den Spargel 2 cm unter dem Kopf beginnend mit einem Schäler zum Stielende hin schälen. Die Stielenden etwa 1 cm breit abschneiden. 5–6 Spargelstangen mit einem Faden zusammenbinden.
2. ¼ l Wasser in den Schnelltopf geben. Den Spargel zusammen mit Salz, Butter und Zucker in einen ungelochten Einsatz geben. Topf schließen.
GAREN 2. Ring 6–10 Minuten je nach Dicke.

Zubereitung Lachsforelle
WMF-Schnellpfanne

Forellenfilets waschen, trockentupfen und mit Zitronenpfeffer würzen. Die Forellenfilets in der Schnellpfanne beidseitig braten.

Servieren: Spargel und Forellenfilets getrennt anrichten (siehe Bild). Forellenfilets mit Forellenkaviar und Petersilie garnieren.

Beilagenempfehlung: warme Sauce Hollandaise, neue Kartoffeln

Pro Person etwa 375 kcal;
1565 kJ; 14 g E; 34 g F; 6 g Kh

Oben: Seezunge mit Knoblauch-Mayonnaise

Mitte: Zanderfilets auf zartem Blattspinat

Unten: Lachsforelle mit Spargel

Desserts

Honigmelone mit Himbeeren

Bild Nr. 1 Seite 139

2 Honigmelonen à ca. 600 g
250 g IGLO TK-Himbeeren
2 cl Cognac
200 ml Schlagsahne
25 g Puderzucker
10 g Vanillezucker

1. Die Melonen zackig halbieren. Mit einem Eßlöffel die Kerne herausnehmen. Den Saft in eine Schüssel ablaufen lassen. Mit einem Kugelausstecher aus dem Fruchtfleisch Kugeln ausstechen. Melonen und Kugeln etwa 15 Minuten in den Kühlschrank stellen.
2. 100 g Himbeeren pürieren, Cognac einrühren, mit Puderzucker abschmecken.
3. Die Schlagsahne mit Puderzucker und Vanillezucker fest aufschlagen. Himbeerpüree unterziehen. Die fertige Sahne in die Melonenhälften füllen und die Melonenkugeln mit den leicht gezuckerten Himbeeren darauf verteilen.

> Pro Person etwa 262 kcal;
> 1100 kJ; 3 g E; 20 g F; 18 g Kh

Erdbeer-Joghurt und Moccasahne mit Mandarin-Orangen und Kirschen

Bild Nr. 2 Seite 138

200 g Joghurt
60 g Erdbeermark oder SCHWARTAU Erdbeerkonfitüre
200 ml Schlagsahne
20 g Puderzucker
10 g Vanillezucker
2 TL löslicher Kaffee, z. B. Nestlé
3–4 TL Grand Marnier
1 Dose LIBBY'S Mandarin-Orangen
1 Glas süße Kirschen

1. Erdbeermark oder -konfitüre unter den Joghurt rühren.
2. Die Schlagsahne aufschlagen und dabei nach und nach Puderzucker und Vanillezucker zugeben. Den löslichen Kaffee und Grand Manier unterziehen.
3. Das Obst im Sieb abtropfen lassen.
4. Je zur Hälfte Erdbeer-Jogurt und Moccasahne auf Desserttellern anrichten. Das Obst rundum anlegen. Mit Eis-Waffelröllchen garnieren.

> Pro Person etwa 344 kcal;
> 1445 kJ; 2 g E; 18 g F; 37 g Kh

Schoko-Sahnecrème mit Williams Christbirnen

Bild Nr. 3 Seite 139

200 ml süße Sahne
280 g SCHWARTAU Vollmilchkuvertüre
80 g geschmeidige Süßrahmbutter
1 Dose LIBBY'S Williams Christbirnen
1 Glas Weichselkirschen

1. Die Kuvertüre in kleine Stücke schneiden. Die Sahne aufkochen, von der Kochstelle herunternehmen und die kleinen Kuvertürestücke einrühren, bis sie völlig aufgelöst sind. Abkühlen lassen, bis sie dieselbe Temperatur hat, wie die Butter. Mit einem Handrührgerät die Butter zusammen mit der Schokoladenmasse schaumig rühren.
2. Die Früchte in einem Sieb abtropfen lassen. Die Schoko-Sahnecrème auf Dessertschiffchen oder Dessertteller verteilen. Das Obst darauf anrichten. Mit Löffelbiskuits garnieren.

> Pro Person etwa 786 kcal;
> 3304 kJ; 8 g E; 56 g F; 59 g Kh

Cognac-Erdbeer-sahne-Becher

Bild Nr. 4 Seite 138

1 Schote Bourbon-Vanille
200 ml Sahne
120 g Blütenhonig
5 Eigelb Gew.-Kl. 3
5 cl Cognac
500 g frische Erdbeeren
100 g Zucker

1. Das Vanillemark aus der Schote herausschaben.
2. Sahne mit dem Vanillemark aufkochen und passieren.
3. Honig mit Eigelb schaumig rühren. Vanillesahne zugeben und mit dem Schneebesen auf einem warmen Wasserbad cremig rühren.
4. Die Hälfte der geputzten und gezuckerten Erdbeeren pürieren und passieren. Das Erdbeermark zusammen mit dem Cognac in die Sahnecrème vorsichtig einrühren. In Dessertgläser verteilen. Mit den restlichen Erdbeeren garnieren.

> Pro Person etwa 524 kcal;
> 2200 kJ; 6 g E; 24 g F; 61 g Kh

Mousse au chocolat mit Vanille-Sahne-sauce

250 g SCHWARTAU Halbbitter-kuvertüre
40 ml starker Kaffee (Mocca)
10 g Vanillezucker
2 EL Puderzucker
4 Eigelb Gew.-Kl. 3
4 Eiweiß Gew.-Kl. 3
250 g Schlagsahne ohne Zucker

Für die Vanille-Sahnesauce:
1 Schote Bourbon-Vanille
200 ml süße Sahne
120 g Blütenhonig
5 Eigelb Gew.-Kl. 3

1. Die Kuvertüre klein schneiden und auf einem Wasserbad unter Zugabe des Kaffees und der Sahne auflösen. Den Puderzucker unterrühren. Mit Vanillezucker abschmecken.

2. Die Eigelb verquirlen und schnell unter die Kuvertüre rühren. Etwa 5 Minuten stehenlassen. Während dieser Zeit die Eiweiß zu einem festen Schnee schlagen.

3. Den fertigen Eischnee unter die Schokoladenmasse heben: Die fertige Mousse in eine Glasschüssel füllen und kalt stellen.

Hinweis: Die Mousse muß sich mit einem Eßlöffel abstechen lassen.

Zubereitung Vanille-Sahnesauce
1. Vanillemark aus der Schote herausschaben.

2. Sahne mit dem Vanillemark aufkochen und passieren.

3. Honig mit Eigelb schaumig rühren, Vanillesahne zugeben und mit einem Schneebesen auf einem warmen Wasserbad cremig rühren.

Mousse au chocolat
Pro Person etwa 684 kcal;
2872 kJ; 11 g E; 48 g F; 46 g Kh

Vanille-Sahnesauce
Pro Person etwa 382 kcal;
1600 kJ; 5 g E; 27 g F; 26 g Kh

Apfel-Weinsuppe mit Schneeklößchen

4 Äpfel Cox Orange
250 ml Weißwein (halbtrocken)
Mark 1 Schote Bourbon-Vanille
50 ml Orangensaft
3 Eier Gew.-Kl. 3, getrennt
5 EL Zucker
1 Prise Meersalz
10 g Vanillezucker
5 EL KÖLLN Instant-Flocken

Zubereitung
WMF-Schnelltopf 2,7 l

1. Äpfel schälen, vierteln, Kerngehäuse entfernen, in dünne Scheiben schneiden und mit Orangensaft beträufeln, damit sie nicht braun werden.
2. Weißwein mit $1/8$ l Mineralwasser, restlichem Orangensaft und Apfelscheiben in den Schnelltopf geben. Topf schließen.
GAREN 1. Ring 2 Minuten.
3. Während dieser Zeit die Eigelb mit Zucker verrühren, bis der Zucker sich aufgelöst hat. Das Eiweiß unter Zugabe einer Prise Salz zu einem steifen Schnee schlagen. Während des Aufschlagens Vanillezucker einrieseln lassen.
4. Schnelltopf nach Vorschrift öffnen. Die Instant-Flocken einrühren und kurz aufwallen lassen.

5. Die Schneeklöße mit einem Eßlöffel abstechen und auf die Apfel-Weinsuppe setzen. Topf schließen und etwa 2 Minuten ziehen lassen.
Die Schneeklößchen mit der Schaumkelle herausnehmen und auf vorgewärmte Suppenteller verteilen.
6. Den Eigelbschaum in die heiße Suppe einrühren, jedoch nicht aufkochen! Suppe abschmecken und neben den Schneeklößchen in die Suppenteller füllen.

Alternativ: Die Apfel-Weinsuppe kann auch kalt serviert werden.

Pro Person etwa 250 kcal;
1050 kJ; 7 g E; 6 g F; 32 g Kh

Sahne-Reis mit Kirschen

(für 8 Personen)

250 g Milchreis
40 g Süßrahmbutter
1 l süße Sahne
1 Prise FUCHS Meersalz
20 g Vanillezucker
80 g Zucker
1 Glas Kaiserkirschen

Zubereitung
WMF-Schnelltopf 3,0 l o. 5,0 l

1. Milchreis waschen und im Sieb abtropfen lassen.
2. Butter im Schnelltopf zerlassen und den Reis zugeben. Dann die Sahne, Vanillezucker, Zucker und Salz mit dem Reis gut verrühren. Topf schließen.
GAREN 1. Ring etwa 10 Minuten. Den Schnelltopf erst öffnen, wenn das Kochsignal vollständig abgesenkt ist.
3. Die Kaiserkirschen in einem Sieb abtropfen lassen. Den Saft in eine Karaffe füllen.

4. Topf öffnen und den Reis mit einem Holzlöffel umrühren und abschmecken. Je nach eigenem Geschmack nachsüßen. Den Reis auf Dessertteller verteilen, Kirschen und Saft zugeben.

Hinweis: Kann warm oder kalt serviert werden.

Pro Person etwa 529 kcal;
2222 kJ; 4 g E; 45 g F; 33 g Kh

Pfirsichspalten auf Vanille-Quark-Crème

$^1/_2$ Päckchen Puddingpulver
feine Bourbon-Vanille
250 ml Sahne
3 EL Zucker
250 g Quark
1 Dose Pfirsiche, halbe Frucht
$^1/_2$ Glas Kaiserkirschen

1. Vanillepudding nach Packungsanweisung herstellen. Abkühlen lassen. Wenn sich eine Haut gebildet hat, den Pudding durch ein Sieb streichen. Mit Quark, am besten mit dem Quirl der Küchenmaschine, verschlagen. Abschmecken.
2. Die Pfirsiche abtropfen lassen. Aus den Pfirsichhälften mit einem scharfen Messer Spalten schneiden.

3. Die Vanille-Quark-Crème auf Dessertteller verteilen und die Pfirsichspalten darauf anrichten. Mit den Kirschen garnieren.

> Pro Person etwa 428 kcal;
> 1787 kJ; 10 g E; 27 g F; 39 g Kh

Fruchtsalat auf Joghurt-Sahne

Für die Joghurt-Sahne
250 g Joghurt
100 g Crème double
250 ml geschlagene Sahne
3 EL Blütenhonig
2 cl Rum

Für den Fruchtsalat
2–3 Bananen
1 kleine Dose Ananas in Stücken
1 kleine Dose Mandarin-Orangen
1 Dose LIBBY'S Frucht-Cocktail
Zitronensaft

1. Joghurt mit Crème double und Blütenhonig zu einer glatten Masse verrühren, dann die geschlagene Sahne und den Rum unterziehen. Für 1 Stunde abgedeckt in den Kühlschrank stellen.
2. Für den Fruchtsalat das Obst aus den Dosen in einem Sieb ablaufen lassen. Den Obstsaft in eine Schüssel geben. Die Bananen schälen und in etwa 5 mm dicke

Scheiben schneiden und mit Zitronensaft beträufeln, damit sie nicht braun werden. Das Obst in einer Schüssel vorsichtig mischen.
3. Die Joghurt-Sahne in Dessertschalen geben und den Fruchtsalat darauf verteilen.

> Pro Person etwa 584 kcal;
> 2452 kJ; 6 g E; 33 g F; 47 g Kh

Mocca-Mousse mit Vanillesauce

(für 8 Personen)

150 g SCHWARTAU Vollmilch-
kuvertüre

1 Tafel = 100 g Moccaschokolade

40 ml süße Sahne,

2 TL löslicher Kaffee

z.B. Nescafé Gold

50 g Zucker

4 Eiweiß Gew.-Kl. 3

3 Eigelb Gew.-Kl. 3

250 g Schlagsahne ohne Zucker

Für die Vanillesauce

500 ml Vollmilch

20 g Süßrahmbutter

30 g Zucker

1 Schote Bourbon-Vanille

2 Eigelb Gew.-Kl. 3

15 g Vanille-Cremepulver

SCHWARTAU Moccabohnen

1. Kuvertüre und Moccaschokolade klein schneiden. Auf einem warmen Wasserbad unter Zugabe der Sahne, Butter und Zucker auflösen.
2. Eigelb verquirlen und schnell unter die Kuvertüre rühren. Etwa 5 Minuten stehenlassen.
4. Eiweiß zu festem Schnee schlagen und unter die Schokoladenmasse heben. Die fertige Mousse kalt stellen.

Zubereitung Vanillesauce
1. 4 El Milch abnehmen und damit das Cremepulver und die Eigelb anrühren.
2. Das Mark aus der Vanilleschote herausschaben und zusammen mit der Schote in die restliche Milch geben. Aufkochen. Von der Kochstelle absetzen, die Vanilleschote herausnehmen, das angerührte Cremepulver zusammen mit dem Zucker

zugeben und unter Rühren aufkochen.
3. In einen Krug geben und abkühlen lassen. Öfter umrühren, damit sich keine Haut bildet.

Servieren: Mit einem Eßlöffel von der Mousse Nocken abstechen und auf Dessertteller anrichten. Vanillesauce angießen.
Mit der geschlagenen Sahne garnieren. Die Sahne mit wenig Kakao bestäuben. Mit SCHWARTAU Moccabohnen verzieren. Eiswaffeln dazugeben.

Pro Person etwa 502 kcal;
2108 kJ; 10 g E; 34 g F; 37 g Kh

Vanille-Sahnecrème mit Fruchtcocktail

250 ml Vollmilch

60 g Zucker

3–4 Eigelb Gew.-Kl. 3

250 ml geschlagene Sahne

5 Blatt weiße Gelatine

Mark von 2 Bourbon-Vanilleschoten

SCHWARTAU Raspel-Schokolade

1 Dose LIBBY'S Frucht-Cocktail

1. Die Gelatine in kaltem Wasser etwa 20 Minuten einweichen.

2. Die Milch mit dem ausgeschabten Vanillemark zum Kochen bringen und passieren.
3. Eigelb mit Zucker schaumig rühren. Die heiße Vanillemilch in die Eigelbmasse unter kräftigem Rühren mit einem Schneebesen zugeben und auf einem warmen Wasserbad cremig rühren. Die Masse darf dabei nicht zum Kochen kommen, da sie dann gerinnen würde.
4. Sobald die Masse cremig ist, vom Wasserbad abnehmen und die aufgelöste Gelatine einrühren. Auf einem kalten Wasserbad die Masse

zurücktemperieren, bis sie zu stocken beginnt. Dann vom Wasserbad absetzen und sofort die geschlagene Sahne unterheben. Die fertige Vanille-Sahnecrème in Puddingförmchen einfüllen. Kalt stellen.
5. Zum Servieren die Crème aus den Förmchen auf Dessertteller herausstülpen. Mit Fruchtcocktail umlegen und mit Raspel-Schokolade bestreuen, mit Kirschen garnieren.

Pro Person etwa 413 kcal;
1735 kJ; 9 g E; 28 g F; 27 g Kh

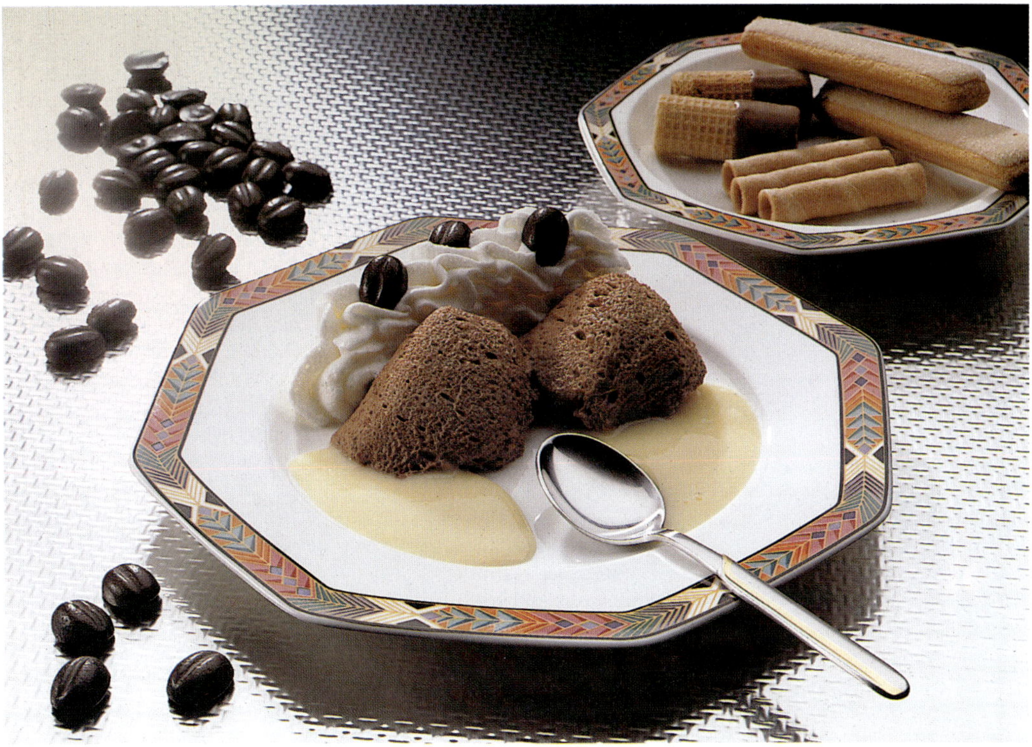

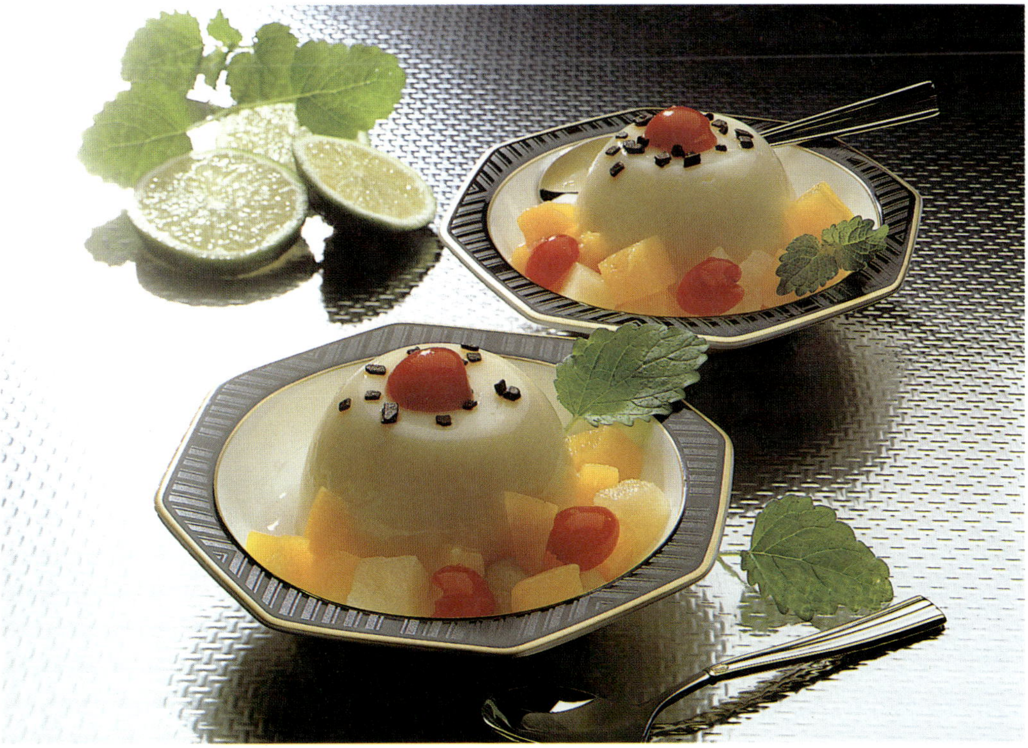

Kaiserschmarren mit Weichselkirschen

200 g Weizenmehl Type 405
250 ml Schlagsahne
6 Eigelb Gew.-Kl. 3
6 Eiweiß Gew.-Kl. 3
60 g Staubzucker
60 g SCHWARTAU Rum-Rosinen
80 g BUTARIS Butterschmalz
4 EL Puderzucker zum Bestreuen
400 g Weichselkirschen a. d. Glas

Zubereitung
WMF-Schnellpfanne

1. Mehl sieben und mit Sahne, Ei-gelb und Staubzucker zu einem glatten Teig rühren. Etwa 30 Minu-ten quellen lassen.
2. Eischnee aufschlagen und locker unter die Masse ziehen.
3. Butterschmalz in der Schnellpfan-ne erhitzen und jeweils 4 Portionen anbacken, Rosinen zugeben. Mit zwei Gabeln auseinanderreißen und goldgelb fertig backen. Dabei die Stücke ständig wenden und darauf achten, daß sie nicht trocken wer-den.
4. Auf vorgewärmten Tellern anrich-ten, mit Staubzucker bestreuen und mit Weichselkirschen servieren.

4 Personen
pro Person etwa 930 kcal;
3906 kJ; 18 g E; 50 g F; 95 g Kh

6 Personen
pro Person etwa 620 kcal;
2604 kJ; 11 g E; 33 g F; 63 g Kh

Mousse au Vanille mit Pfirsichspalten
(für 8 Personen)

70 ml süße Sahne
2 Schoten Bourbon-Vanille

30 g Zucker
300 g SCHWARTAU Weiße Kuvertüre
3 Eigelb Gew.-Kl. 3
4 Eiweiß Gew.-Kl. 3
250 g geschlagene Sahne
1 Dose LIBBY'S Pfirsiche, halbe Früchte
SCHWARTAU Belegkirschen, rot
SCHWARTAU Pistazien, gehackt

1. Das Mark aus den Vanilleschoten herausschaben und zusammen mit den Schoten in die Sahne geben. Aufkochen. Von der Kochstelle her-unternehmen. Vanilleschoten heraus-nehmen. Eigelb mit Zucker cremig rühren. Die kleingeschnittene Kuver-türe in die heiße Sahne einrühren. Eigelbmasse schnell unterrühren. 5 Minuten stehenlassen.
2. Eiweiß zu festem Schnee schla-gen und unter die Schokoloaden-masse heben. Die fertige Mousse kalt stellen.
3. Die abgetropften Pfirsichhälften fächerförmig einschneiden. Mit einem Eßlöffel von der Mousse Nocken abstechen und auf Dessert-teller anrichten. Mit Sahne garnie-ren, Pfirsichfächer vor die Mousse-Nocken legen. Pistazien aufstreuen und mit einer Belegkirsche garnie-ren.

Pro Person etwa 471 kcal;
1978 kJ; 12 g E; 40 g F; 21 g Kh

Crêpes mit Orangen-sauce
(für 6 Personen)

100 g Weizenmehl Type 405
150 ml Milch
3 Eier Gew.-Kl. 3
1 EL Zucker
1 Prise FUCHS Meersalz
1/2 Btl. SCHWARTAU Citro-back
1 Btl. Bourbon-Vanillezucker
50 g Butter
100 ml Wasser

Für die Orangensauce:
500 ml frisch gepreßter Orangensaft
6 TL Mondamin
2 EL Zucker
6 cl Cointreau

1. Mehl sieben und mit den Eiern, Zucker, Salz, Vanillemark, Citro-back und Milch glattrühren. Die erwärmte Butter zugeben und zuletzt das Wasser zugeben und alles zu einer glatten Masse rühren.
2. Die fertige Crêpesmasse zuge-deckt gut 1 Stunde ruhenlassen, damit das Mehl richtig ausquellt. Da es sich am Boden absetzt, die Mas-se vor dem Backen durchrühren und das während des Backvorgan-ges öfter wiederholen.
3. Zum Backen eine leicht ausge-butterte Pfanne (Durchmesser 12–15 cm) verwenden. Mit einem nicht zu großen Schöpflöffel die dünnflüssige Crêpesmasse in die heiße Pfanne geben. Diese schräg halten, damit die Masse auf allen Seiten zum Rand laufen und sich hauchdünn verteilen kann. Nach kur-zer Zeit den Crêpe mit einer Palette wenden und so auf jeder Seite backen.
4. Die gebackenen Crêpes überein-ander schichten und im mäßig heißen Backofen zwischen 2 Tellern warm halten, bis der letzte Crêpe aus der Pfanne kommt.

Zubereitung Orangensauce
Mondamin mit etwas Orangensaft anrühren. Restlichen Saft auf-kochen, mit angerührtem Mondamin binden, mit Zucker und Cointreau abschmecken. Abkühlen lassen.

Servieren: Crêpes faltig auf Des-sertteller anrichten. Orangensauce darüber verteilen, mit Orangenschei-ben garnieren.

Pro Person etwa 327 kcal;
1373 kJ; 7 g E; 11 g F; 40 g Kh

**Oben: Kaiserschmarren
mit Weichselkirschen**

**Mitte: Mousse au Vanille
mit Pfirsichspalten**

**Unten: Crêpes
mit Orangensauce**

Savarin mit Früchten

(für12 Portionen)

Bild oben (Mitte)

300 g Weizenmehl Type 405
15 g frische Hefe
100 ml lauwarme Vollmilch
150 g Butter
50 g Zucker
1 Prise Salz
abgeriebene Schale von 1 Zitrone
4 Eier Gew.-Kl. 3
200 ml Rotwein
120 g Zucker
2 TL Orangenschale-Zesten
200 g frische oder IGLO
TK-Himbeeren
200 g frische oder IGLO
TK-Brombeeren
4 cl Himbeergeist
Butter zum Ausstreichen der
Kranzform

Zubereitung
Kranzform 24 cm Ø
1. In eine Schüssel das Mehl sieben. In die Mitte eine Vertiefung drücken und darin die Hefe mit der lauwarmen Milch anrühren und mit etwas Mehl bestreuen. Mit einem Tuch zudecken. 1/4 Stunde an einem warmen Platz gehen lassen.
2. Butter bei geringer Hitze zerlassen, Zucker, Salz, Zitronenschale sowie Eier zufügen und alles mit einem Handrührer kurz durchrühren.
3. Zum gegangenen Hefeansatz geben und einen leichten Teig zubereiten. 15 Minuten gehen lassen.
4. Die Kranzform mit Butter bestreichen, mit Mehl ausstäuben und bis zur Hälfte mit Teig auffüllen.
5. Im auf 200 °C vorgeheizten Backofen ca. 35–40 Minuten goldfarbig backen.
6. Rotwein mit Zucker und Orangenschale aufkochen und bei geringer Hitze etwas einkochen. Von der Kochstelle nehmen, Himbeeren und Brombeeren zugeben und 10–15 Minuten ziehen lassen.

7. Den Savarin auf einer tiefen Platte anrichten, Früchte in den Ring füllen, die Sauce mit Himbeergeist abschmecken und den Savarin damit tränken.

Pro Person etwa 320 kcal;
1339 kJ; 6 g E; 13 g F; 45 g Kh

Rote Grütze mit Doppelrahm-Frisch-käse-Crème

(für 8 Portionen)

Bild oben (links)

250 g frische oder IGLO
TK Himbeeren
250 g frische oder IGLO
TK-Erdbeeren
250 g frische oder IGLO
TK-Brombeeren
500 ml Rotwein
500 ml Stilles Mineralwasser
150 g Zucker
1 Zimtstange
75 ml Johannisbeersaft
50 g Speisestärke
500 ml süße Sahne
250 g Doppelrahm-Frischkäse
5 cl Schwarzwälder Kirschwasser

Zubereitung
WMF-Schnelltopf 2,7 l

1. Beeren waschen, entstielen oder Beeren auftauen. Von jeder Sorte die Hälfte für die Einlage beiseite stellen, übrige Früchte mit Rotwein, Wasser, Zucker, Zimtstange und Johannisbeersaft in den Schnellkochtopf geben. Topf schließen. GAREN 1. Ring 2–3 Minuten. Von der Kochstelle nehmen. Kochsignal absenken lassen, öffnen, Kochgut durch ein Sieb passieren. Im offenen Schnellkochtopf aufkochen und die mit etwas Rotwein angerührte Speisestärke unterrühren.

2. Die zurückbehaltenen Früchte in eine Glasschüssel geben und mit der Roten Grütze auffüllen, im Kühlschrank erkalten lassen.
3. Für die Crème die flüssige Sahne mit dem Frischkäse cremig rühren, mit dem Kirschwasser abschmecken.

Pro Person etwa 278 kcal;
1164 kJ; 5 g E; 14 g F; 28 g Kh

Erdbeer-Charlotte

(für 8 Portionen)

Bild unten

15 Löffelbiskuits
4 Eigelb Gew.-Kl. 3
100 g Zucker
250 ml Vollmilch
1/2 Schote Bourbon-Vanille
4 Blatt weiße Gelatine
250 g frische Erdbeeren
1 EL Bourbon-Vanillezucker
250 ml süße Sahne
1 El Zucker
Erdbeeren zum Dekorieren

Zubereitung
Gerippte Charlotte-Form
1. Den Rand der Charlotte-Form mit den zugeschnittenen Löffelbiskuits auslegen.
2. Erdbeeren waschen, entstielen, gut abtropfen lassen, vierteln und mit Vanillezucker bestreuen.
3. Eigelb mit Zucker cremig rühren. Die Milch mit der Vanilleschote aufkochen. Vanillemark zur Eiermasse geben und die warme Vanillemilch unterrühren. Das Ganze unter Rühren leicht erhitzen, bis die Crème bindet. Die in kaltem Wasser aufgelöste Gelatine darin auflösen. Die Crème in Eiswasser kaltrühren, bis sie beginnt dickflüssig zu werden.
4. In der Zwischenzeit die Sahne mit dem Zucker steifschlagen und wenn die Crème anzieht, Sahne und die vorbereiteten Erdbeeren unter-

Rotwein angerührte Speisestärke
unterrühren.
2. Die zurückbehaltenen Früchte in
eine Glasschüssel geben und mit
der Roten Grütze auffüllen, im
Kühlschrank erkalten lassen.
3. Für die Crème die flüssige Sahne
mit dem Frischkäse cremig rühren,
mit dem Kirschwasser
abschmecken.

Pro Person etwa 278 kcal;
1164 kJ; 5 g E; 14 g F; 28 g Kh

Zum Abschluß ein Fest feiern mit vielen kulinarisch exclusiven »Gaumenkitzlern«

1. Lachsröllchen auf gebutterten Pumpernickelscheiben mit Mayonnaisegarnitur

2. Meerrettichsahne in Orangenkörbchen mit Cocktailkirschen

3. Käsemischung mit Tomatenpüree auf Avocadovierteln, Olivengarnitur

4. Halbierte harte Eier mit Mayonnaiserosetten und Kaviar

5. Salamitütchen auf ausgestochenen gebutterten Toastbrotscheiben mit Tupfern aus Meerrettichsahne, Kaperngarnitur

6.–8. Wurst-, Gemüse- und Geflügelsalat mit Remouladensauce auf ungesüßten Mürbteigtorteletts

9. Mit dem Buntmesser geschnittene Kräuter-Senf-Butter, auf Kräcker dekoriert

10. Marinierte Pfifferlinge in gezackten Tomatenschälchen, Kressesträußchen mit Remouladentupfer

Arbeitsgeräte zum Garnieren und Verzieren

Zu einem schön gedeckten Tisch gehören appetitlich angerichtete Speisen, ein wenig garniert und/oder verziert. Um es der Hausfrau und dem Hausmann zu erleichtern, zeigen die folgenden Seiten zum Abschluß dieses Buches Arbeitsgeräte zum Garnieren und Verzieren, ihre Einsatzmöglichkeiten, sowie einige Anwendungsbeispiele.

1. Grapefruit- und Orangenschäler
Der Ziselierhaken dient zum Aufreißen der Schale. Mit der gebogenen und gezahnten Klinge wird das Fruchtfleisch aus der vorher geteilten Frucht in einem Stück herausgeschnitten.

2. Butterroller
Durch die spezielle Form ergibt sich beim Portionieren ein sehr hübsches rundes Muster.

3. Orangenschäler
Nach der Vorbehandlung mit dem Aufreißer läßt sich mit der grob gezahnten Klinge die Schale sehr einfach abziehen.

4. Parisienne-Ausstecher
Die ovale Form wird vorzugsweise zur Herstellung von Kartoffeln Pariser Art eingesetzt.

5./6. Kugelausstecher
Zum Herstellen von Gemüseperlen, Kartoffel- und Melonenkugeln.

7. Fadenschneider
Zum Abziehen ganz feiner Schalenstreifen von allen Zitrusfrüchten, um natürlich aromatisieren zu können. Wichtig sind ganz kleine Lochungen, um keine weiße Haut mit abzuziehen.

8. Tourniermesser
Zum Tournieren und Schälen von Gemüsen und Beilagen. Die kurze, gebogene Klinge garantiert exaktes Arbeiten.

9. Buntschneidemesser gezackt
Ideal zum Verzieren von Obst, Gemüse oder Butter. Durch die gezackte Klinge ergibt sich ein schönes Wellendekor auf dem Schnittgut.

10./11. Fruchtentkerner
Zum Aushöhlen von Obst. Die gleichmäßigen, nicht zu kleinen Zacken lassen sich leicht in jedes Obst drehen, das durch die glatte Lauffläche nicht zusätzlich beschädigt wird.

12. Pendelschäler
Zum Schälen von Gemüse und Obst mit dünner bis mitteldünner Haut.

13. Ziseliermesser
Zum Herausarbeiten von Mustern bei Früchten und Desserts. Die scharfe Reißfläche darf nicht zu klein sein.

14. Gemüseaushöhler
Zum Entkernen von Zucchini und anderen Gurkenfrüchten. Scharfe Haken zum Durchstechen der Schale.

Anmerkung: Die hier gezeigten Arbeitsgeräte sollen der Hausfrau und dem Hausmann helfen, für festliche Anlässe die Speisen mit Verzierungen und Dekorationen zu verschönern. Achten Sie jedoch darauf, keine Kunstwerke herzustellen, die Ihren Gästen ganz sicher gefallen werden, sie aber Angst bekommen, beim Zulangen die so herrlichen Kunstwerke zu zerstören. Der Gaumen soll aber auch genießen und nicht nur die Augen.

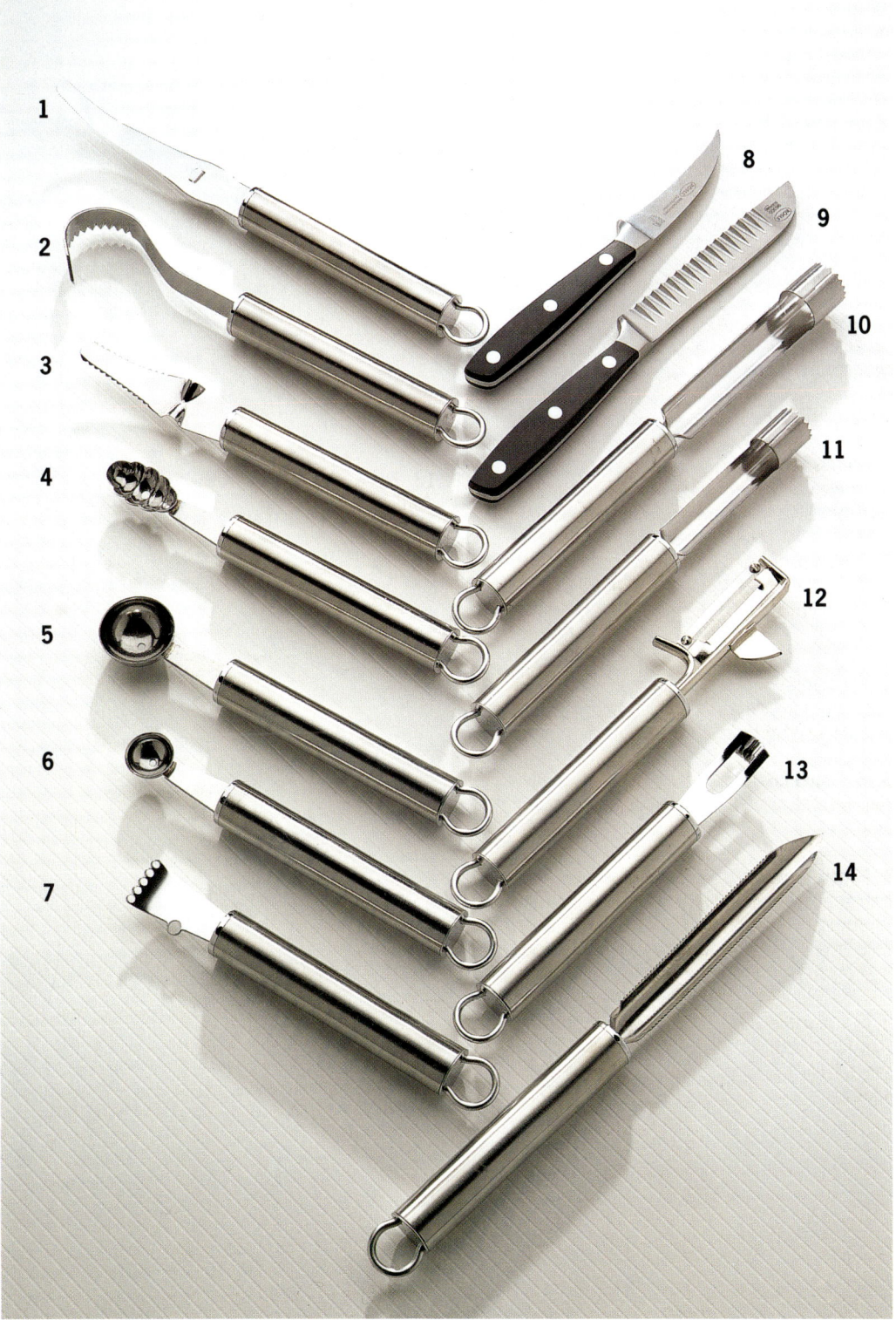

Fadenschneider
für feine Schalenstreifen von
Zitrusfrüchten

Ziseliermesser
damit in Orangen und Zitronen
Muster schneiden, in Scheiben
schneiden, z. T. die Scheiben
halbieren

Buntschneidemesser
Wellendekor-Schnitt z. B. für
Sellerie, Karotten, Äpfel

Grapefruit- und Orangenschäler
1. Mit dem Ziseliermesser die
Schale aufreißen.
2. Mit der gebogenen Klinge des
Grapefruit- und Orangenschälers
das Fruchtfleisch aus der Schale in
einem Stück herausschälen.

Kugelausstecher
z. B. für Honigmelonen-Kugeln

Rezeptregister

Sachregister

Bildnachweis